人の心が読める
ヤバい
コミュニ
ケーション術

網谷洋一
人間力コンサルタント®

BYAKUYA BIZ BOOKS

これから

「コミュニケーション能力を上げるにはどうすればいい？」

というテーマで、
５つ質問をします。

「はい」か「いいえ」
で答えてみてください。

コミュニケーションのノウハウの本をたくさん読む

コミュニケーション講師のSNSアカウントをフォローして勉強する

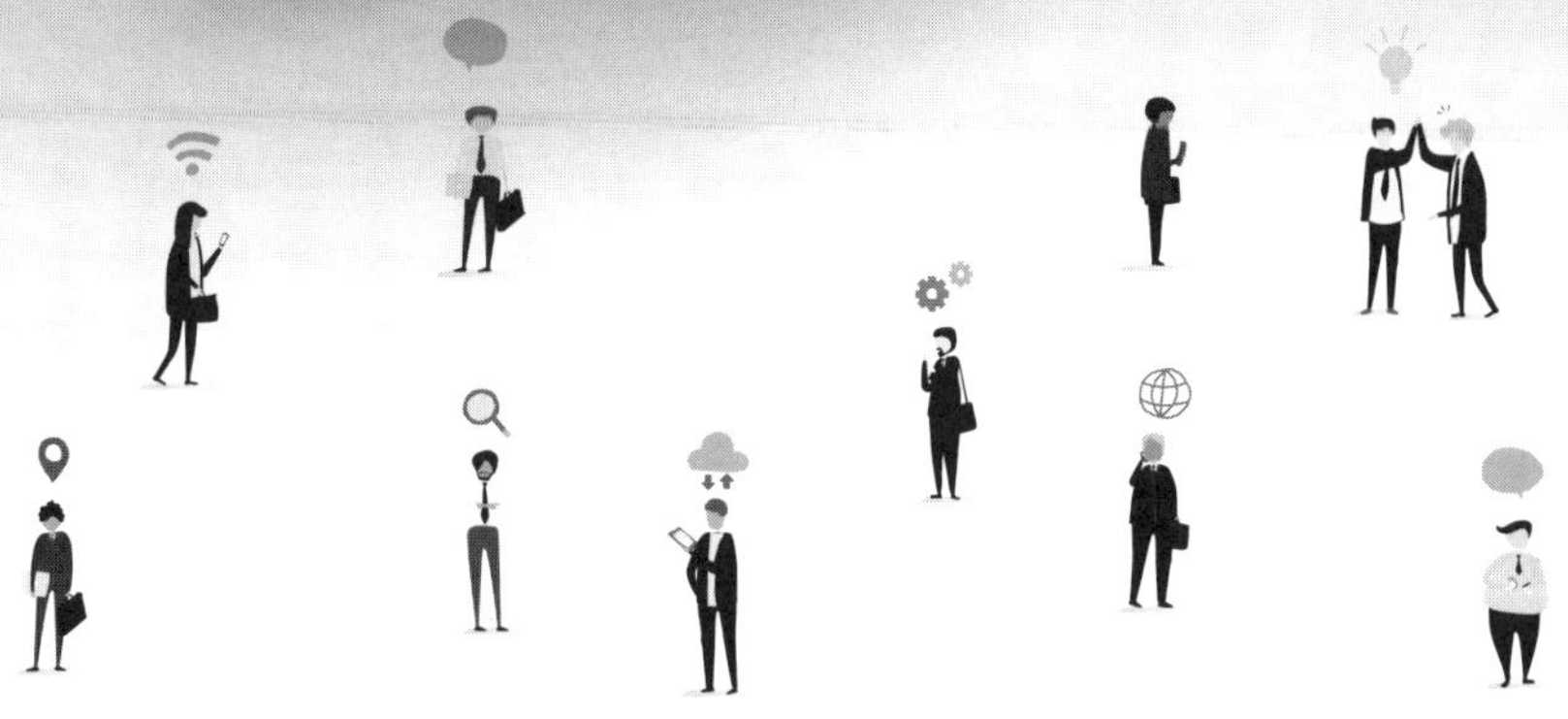

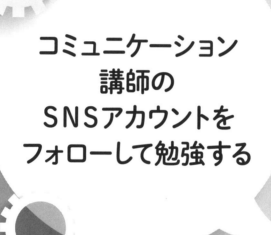

話し方、伝え方を工夫する

対話の中で質問するように心がける

決して相手を
否定しない

「はい」の数が
多ければ多いほど、いえ、
1つでも「そうだ！」と
思ったなら
あなたのコミュ力は
ヤバいかもしれません。

でも、大丈夫。
本当のコミュ力アップの方法を
本書でお伝えします。

はじめに

あなたのコミュ力、下がってない？

人生が思いどおりになる人と、思いどおりにならない人の違いは何でしょうか？　お金を持っている？　専門的なスキルがある？　鋼のように強いメンタルを持っている？　たしかにこれらは強い武器と言えるかもしれません。

しかし、決定的な違いを生むのはコミュニケーション能力の有無、つまり**コミュ力があるかどうか**です。

コミュ力があれば、たとえお金がなくても、資格がなくても、専門的な知識がなくても、特別なスキルがなくても、強靭なメンタルがなくても、欲しい結果を手に入れることは可能です……私ですか？　正直、ほぼほぼ思いどおりの人生を歩んでいます。それこそ、年間の営業目標（年収〇千万など）も、1カ月で達成できたこともあります。自慢と思わないでくださいね（笑）。それを可能にしたのが、たった1つの能力、コミュ力なのです。

コミュニケーション能力の重要性は今さら強調する必要はないかもしれません。ビジネスシーンだけでなく、学校教育の中でも重視されています。「コミュ力は大事だよね」と言われて否定する人はほとんどいないでしょう。しかしここ数年、多くの人のコミュ力が下がっているように思えてなりません。その原因は主に2つ。1つは新型コロナウイルス感染症です。3密（すでになつかしい言葉になっていますが）が声高に叫ばれ、接触は積極的に避けられるようになりました。一人でいることが当然のように求められた結果、コミュニケーションの機会そのものが奪われたのです。

そしてもう1つが、そのような状況を受け、必要に迫られる形でコミュニケーションのあり方が変わったことです。新しい働き方としてテレワークが浸透し、コミュニケーションの手段が多様化しました。Ｚｏｏｍをはじめ、オンラインで手軽にコミュニケーションが取れるようになったのです。それは一見、コミュニケーションを進化させたように思えます。

ところが、コミュニケーション能力について言えば、大きなマイナスの環境を生むことになりました。オンラインでのやりとりが増えると、必要最低限の情報を伝えることに終始してしまいます。くわしくは本文にゆずりますが、コミュニケーションにはお互いの意図が必ず含まれるので、それが伝わらずにコミュニケーションエラーを起こしやすくなるからです。エラーが起こると、人間関係に支障をきたします。どれだけコミュニケーションが便利になっても、人間関係の悩みは増える一方です。

この3年間で、多くの人のコミュ力はよくて現状維持、もしくは低下しました。特に10～20代の若い世代においては、コミュ力を鍛えられる何にも代えられない大切な3年間です。この失われた3年間が何を意味するかというと、現在25歳のコミュニケーション能力は新卒の22歳レベルだということです。

コミュ力を劇的に上げる方法、教えます

私は人間力コンサルタント®として、もう15年以上、経営コンサルティングや金融商品の代理店の営業をしています。また、主に営業担当者に向けて、コミュニケーション能力や営業力を教える活動も行っています。特に最近は新人～中堅の営業力が落ちていることに危機感を持ったマネジメント層からすごい数の相談を受けます。コミュ力の低下がコミュニケーションエラーを起こし、営業成績に影響している――これが自社のビジネスにおいて大きな課題となっているわけです。この状況は今後、加速してもおかしくありません。ＡＩの台頭により「コミュ力の必要な仕事」だけが大事になってくる。そのような危機感を抱いたため、本書を書くことにしました。

本書にはコミュ力を劇的に上げる方法が書かれています。その要点を最初にお伝え

しましょう。

相手の心にほっこり石を置いてくる。

これだけです。ほっこり石ってなんだ？　コミュ力とどんな関係があるんだ？と思われたかもしれませんが、コミュニケーションにおいて最も大事なことです。

そもそも**コミュニケーションとは推し活**です。
そして**コミュ力とは、推して、推される力**なのです。

そう、推し活です。だからこそ、コミュ力があれば（あなたを推してくれる人が増えれば）、あなたの人生は思いどおりになるのです。そして、相手の心にほっこり石を置くことによってそれが可能になります。その効果や方法は続く本文でじっくり解説していきます。

コミュニケーションに関するテクニックは世の中にたくさんあります。それらの多くは「正解はこれ」といったように受け取れるものばかりです。しかし、コミュニケーションにおいて、絶対的な正解はありません。誰でも、どんなときでも通用する成功法則はないのです。なぜなら、コミュニケーションは非合理だからです。恋愛シミュレーションゲームとは異なり、選択肢も用意されていなければ、絶対的な正解もありません。

一方で、本書ではコミュ力を上げるために、コミュニケーションをあらためて考え直し、人間心理とそれに基づくやりとりを知り、ほっこり石を置く方法を解説していきます。その結果、コミュ力を上げることができます。コミュ力はただの手段ではありません。あなたの人間力そのものです。コミュ力が上がれば、どんなシチュエーションでもコミュニケーションエラーを起こしづらくなるでしょう。

本書では、コミュニケーションの本質をお伝えします。それは、読後すぐに効果を発揮するものではないかもしれません。しかし長い目で見たとき、あなたの人生を豊かにするものだと断言します。ぜひ、最後までついてきてくださると幸いです。

CONTENTS

第3章 エゴグラムでやりとりを分析する

第4章 ほっこり石を置く

第5章 実践! いろいろなほっこり石

補章

テクニックを活用する

第1章

コミュニケーションって何？

いろいろなコミュニケーション

第1章ではコミュニケーションについて考えます。コミュニケーションというとなんとなく「言葉を交わす」イメージを持つかもしれませんが、それはバーバルコミュニケーション（会話や文字など言語によるもの）で、表情やジェスチャーによるノンバーバルコミュニケーションもあります。簡単に言えば**言葉を使っているかどうかの違い**です。それぞれのコミュニケーションの形を見てみましょう。

整体院やカフェの店先に置いてあるブラックボード。そこにはメニューや料金だけでなく、日付と簡単なメッセージなどが添えられています。これは道ゆく人へ向けられたメッセージです。店内にはおしゃべりしているお客さんがいるかもしれません。これらはともに、言語によるコミュニケーションですね。

スーパーの入口にはその日の目玉商品（広告掲載商品）が並んでいることでしょう。レジ横には買い物カゴに入れやすい和菓子やガムなどを見かけます。同じようにコンビニのレジ横には小さいチョコレートなどが置かれていたりします。これらは言葉によるものではありませんが、れっきとしたコミュニケーションの一つの形です。

言葉を使う場合と使わない場合ではコミュニケーションのあり方がかなり異なるように思うかもしれませんが、きわめて重要な共通点があります。

それは、**発信者には意図がある**ことです。

コミュニケーションには発信者（送り手、話し手）と受信者（受け手、聞き手）がいます。発信者が込めた意図をメッセージやその他の手段を通じて、受信者が受けとるわけです。これは言葉を使っていても使っていなくても同じです。

スーパーで目玉商品を店頭に並べるのは「これはお得ですよ。ぜひ買ってください」という意図の表れですし、レジ横に和菓子やガム、チョコレートなどを並べているのも「ついでに買いませんか？」という意図が含まれています。そして、もしお客さんがそれらを手に取れば、その意図はしっかり伝わったことになります。

そう、コミュニケーションはただ発信すればいいわけではありません。その意図をちゃんと受け取ってもらう必要があるのです。ここから、コミュニケーションの定義が見えてきます。

コミュニケーションとは、**発信者の意図と受信者の解釈の総和**です。つまり、**伝わったかどうかがすべて**。

そして、その総和が10割に近いほど、意図が伝わっていることになります。一方的に送りつけたり逆に勝手に解釈したりしてしまうと、10割どころかマイナスになってしまい、コミュニケーションとしては成り立っていないことになります。その成否には空気感や文脈など、さまざまな要因が影響を与えています。

「はじめに」でコミュニケーションは推し活であるとお伝えしましたが、まずはしっかりとした定義を押さえておいてください。なぜコミュニケーションが推し活になるのか？　順に読んでいただければ、なるほどとご理解いただけるはずです。

それ、資料に書いてありますよね？

２０２３年10月1日から「インボイス制度」が始まりました。制度の説明は割愛しますが、多くの事業者がその対応に追われたはずです。これからお話しするのは、そのインボイス制度によって起こったある会社での出来事です。

その会社ではインボイス制度のスタートを機に、新しいシステムを導入することになりました。それに合わせて経費精算の方法も大きく変わりました。経理部の担当者は数カ月前から全社員に経費の精算方法が変わることを一斉メールにて通知。さらに、その方法を説明した資料も作成して配布しました。準備は万端です。だからその時点では、「みんなが慣れるまでは、ちょっとした問い合わせは来るかもな」程度に考えていました。

しかしいざ10月になると、経理担当者のもとには問い合わせが殺到しました。

「精算の方法が変わるなんて知らない」

「説明書を作ってほしい」

「こんなとき、どうすればいいの？」


担当者は驚きました。まさかメールを送信できていなかった……？　それとも書類にミスがあったのではと見直してみましたが、特に不備はありません。それにもかかわらず同じような問い合わせが多くの人から寄せられました。


「○月○日にメールしましたよ！」

「説明書はすでに皆さんに配布済みです!!」

「それ、資料に書いてありますよね？」


結局、何度も同じことを説明するはめになりました。ただでさえ新しいシステムの導入で残業が続いていたその担当者のストレスは大変なものだったでしょう。余計な手間がかかったわけですから。

これは、コミュニケーションエラーによって引き起こされたケースです。送り手はちゃんと大切なことを伝えたはずなのに、受け手はまったく受け取れていませんでした。結果的に、どちらも余計な手間を増やすことになり、それぞれの仕事に小さくない影響を与えることになりました。これだけを見れば、受け手側にこの問題の原因があるように思えます。したがって、この教訓を生かして「次からはちゃんとメールをチェックするように」と注意すれば、今後このような事態を防ぐことができる……わけではありません。

このようなコミュニケーションエラーは、**空気感（文脈）が共有できていないこと**から起こりがちです。よくコミュニケーションが苦手な人の特徴として、空気が読めないと言われることがあります。それは当事者同士の空気感（文脈）が理解できていないことの表れです。コミュニケーションは双方向です。それが連絡事項の伝達であっても受け取る相手がいる以上、必ず共有すべき空気感（文脈）が存在します。これがズレてしまうと、コミュニケーションは成り立ちません。

こちらがA4サイズの紙でFAXを送信しても、受信者側にB5サイズの紙しか用意がなければ受信することはできないのと同じです。そもそも紙が切れている可能性もあります。すると、わざわざFAXで伝えたかった内容は相手に届きませんよね。

空気感（文脈）は情報量と言い換えることもできます。このケースをあらためて考えれば、「資料を送っても多くの人は確認しない」ことは、おそらくそれが初めてではなかったはずです。これまでも似たようなケースは起こっていたでしょう。それがわかっていれば、どうすれば知ってもらえるのか？　読んでもらえるのか？という視点から、伝達方法をもっと検討できたはずです。

今、聞きたいのはそれじゃない！

コミュニケーションエラーについて、身近な例をもう一つ挙げましょう。

これはある夫婦のSNSでのやりとりです。仕事中の夫から、自宅にいた妻に連絡が入りました。

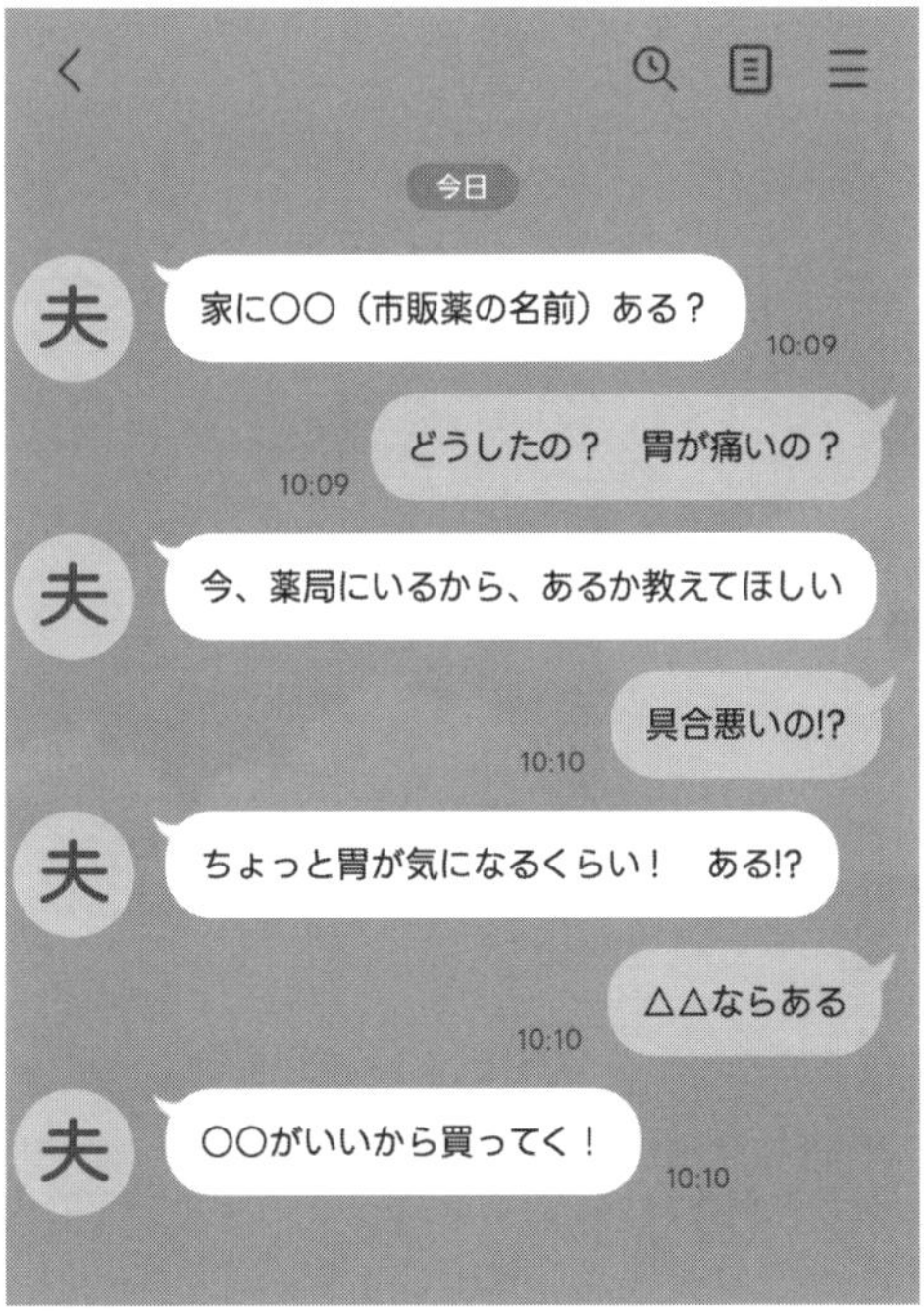
今日
夫
家に○○（市販薬の名前）ある？
10:09
どうしたの？　胃が痛いの？
10:09
夫
今、薬局にいるから、あるか教えてほしい
具合悪いの!?
10:10
夫
ちょっと胃が気になるくらい！　ある!?
△△ならある
10:10
夫
○○がいいから買ってく！
10:10

お互いが欲しい返答を得られないイライラが伝わるでしょうか。

・**薬があるかまず知りたい夫。**
・**夫の体調を気にする妻。**

どちらが悪いわけではありませんが、ここでもコミュニケーションエラーが起きています。

このようにコミュニケーションの当事者がともに自分の意図を伝えよう（聞いてほしい）とするだけだと、結果的にどちらも伝わらないということが起こります。その結果、ストレスを抱えたり、伝達に時間がかかったりする場合もあります。このような行き違いの一つひとつはささいなものかもしれませんが、チリも積もればどうなるでしょうか。

コミュニケーションは発信者の意図と受信者の解釈の総和であり、伝わったかどうかがすべてです。説明不足はもちろん、正しいからと言って一方的に押しつけたり、わかってもらおうとベラベラしゃべればいいわけではありません。その点で、**受け手がどう解釈するか**が非常に重要なのです。

その場の空気感（文脈）を読み、さらに受け手がどう解釈するかまで気を配る……なんだかとてもむずかしいことのように思えますが、コミュニケーション能力の高い人は例外なくこれができています。

本書をこのまま読み進めていただければできるようになりますから、しっかりついてきてください。

コミュニケーションの目的は、イエスを取ること

コミュニケーションは発信者の意図と受信者の解釈の総和であり、伝わったかどうかがすべて……そもそもコミュニケーションにおいて、なぜ意図を込めるのでしょうか。

それは、**イエスを取るため**です。欲しい結果を手にいれるため、と言い換えることもできます。意識的であれ、無意識的であれ、みんなイエスが欲しいのです。わかりやすい例が営業活動や社内で承認を取るなどでしょうか。

店員　「こちらの商品を買っていただけませんか？」
客　「はい、買います」
部下　「この新規事業のプロジェクト、承認をお願いしたいです」
上司　「いいよ！　やってみな！」

このようなシンプルなやりとりでイエスを取ることができるのが理想です（これほどスムーズにいくことは私でもまれですが）。どれだけ説明がうまくなくても、相手がイエスと言えばいいわけです。だからといって「じゃあ話し方や伝え方を工夫すればいいんだ！　伝え方が９割！」と考えるのは早計です（もちろん伝え方は大事です）。

逆に、「買ってほしい」「承認が欲しい」という意図が込められていない、またはそう解釈されないと、イエスを取ることはできません。

店員　「こちらの商品は新商品なんですよ」
客　「そうなんですか」

店員　「カラーも豊富で機能も強化されてて……」
客　「たしかにカラーが豊富ですね」

一見、会話はスムーズに流れているように見えるかもしれませんが、このままではいつまで経ってもイエスを取ることはできないでしょう。

イエスは自分の話に同意してほしいというちょっとしたイエスから、商談で大きな契約をまとめたいという大きなイエスまで、さまざまあります。先に挙げた経理担当者、および夫婦に起こった2つのコミュニケーションエラーも同様です。

・自分が作ったメールを開き、資料を読み、滞りなく経費の精算をしてほしい経理担当者。
・家に胃薬があるか知りたい夫と、夫の体調を知りたい妻。

意図が伝わらないからコミュニケーションのエラーが起こり、イエスを取ることがむずかしくなる。もちろん、当事者の立場、力関係によっては、すべてを無視して

ゴリ押しでイエスを取ることは可能です。場合によってはそれが求められる場合もあります。しかし、本書ではもっと別の、**持続可能なイエスの取り方**をおすすめしたいと思います。

どうすればイエスを取れる？

イエスを取るために必要なことは、単刀直入にいうと**思いやりを持つこと**です。「……はぁ？」という声が聞こえてきそうですね（笑）。しかし、これが最も大事なことです。たとえあなたが発信者であろうと受信者であろうと関係ありません。思いやりです。コミュ力が高い人とは、思いやりを持ってコミュニケーションができる人です。思いやりを持つことが、空気感（文脈）を読み（時にはつくり）、受け手がどう解釈するかまで気を配ることにつながります。その結果、的確に意図を伝えることができ、イエスを取れるのです。

たとえば、仕事で重要な報連相。簡単なイメージを持たれがちですが、**「仕事ができる＝報連相力がある」**と言えるほど、実はむずかしいものです。というのも、ところかまわず報告、連絡、相談をすればいいわけではないからです。つまり、思いやりの有無で大きな差が生まれるのです。

「あの仕事、どうなってる？」

上司からこのように言われた経験はありませんか？　進捗を聞かれた時点で上司の思うタイミングでしかるべき報告はできていないわけですが、かといって何でも報告すればいいわけでもありません。自分の報告したいことを報告するものでもありません。

上司にいつ報告すればいいのか、どこまでなら相談してほしいのか、といった判断をミスすると、先ほどのような質問をされてしまうのです。単なる報告ミスで済めばいいですが、部下の失敗は上司の責任です。もし報連相を誤ったことでエラーがよく起こるのであれば、その部下は社内で一番イエスを取らなければいけない上司から取れていないことになります。

これは社内にかぎりません。取引先も同様です。一度仕事を受注したから安心して連絡をせずに放置してしまった。そして先方から「あの件、進んでますか?」などと聞かれようものなら、信頼関係を築くことはできないでしょう。

このように、コミュニケーションの根っこに思いやりがないと、イエスを取ることはできないのです。

思いやりを持つ、をもう少し具体的に言うと?

思いやりがいかに重要か、少しは納得していただけたでしょうか。次は思いやりを持つとはいったい何なのか、もう少し具体的に考えてみましょう。

For Youの気持ちで、相手の心にほっこり石を置く。

これです。誰もが「思いやりぐらい持っているよ！」と思うかもしれませんが、このような行動を取れる人はそれほど多くありません。誰もが先にイエスを取ろうとしますから、なかなか相手を優先できません。**「自分が、自分が！」という気持ちが、コミュニケーションエラーを引き起こす**のです。

しかし思いやりを持つと、コミュニケーションは間違いなくうまくいきます。信頼関係の構築につながり、イエスも取りやすくなります。これができるようになる＝コミュ力が高い、なのです。続く章では、これを一つずつていねいに、かつ徹底的に説明します。ここではざっくりとした概要だけを示しておきましょう。

For You＝あなたのため

For Youとはまさに「あなたのため」。相手を主語にして考えたり、相手の土俵に立って考えると言い換えてもいいでしょう。いずれにせよ、「相手のため」という気持ちを持って接するのです。これが上手なのは、バラエティー番組のＭＣです。ゲストの話を上手に聞き出せるのは、まさに相手の土俵で話を聞いているからこそ。相手の立場に立って話をしたり、聞いたりしています。無理やり自分の土俵に持ち込んで笑いを取るＭＣもいたりしますが、それは特殊能力です。ふつうの人は強引な印象を与えてしまうだけです。

Ｆｏｒ Ｙｏｕの反対は、Ｆｏｒ Ｍｅです。自分のことだけを考えること。コミュニケーションの主体はあくまでも自分です。それは相手にとっても同じ。それぞれが主体として話したり聞いたりします。だからこそ、Ｆｏｒ Ｙｏｕの気持ちが大切なのです。まずは相手を思う。「自分が！」ではダメなのです。自分の土俵で話していては、ほっこり石を置くことはできません。

ただし、相手の思いどおりになれというわけではありません。相手の土俵に乗せられるのではなく、自分の意思で乗るのです（１２０ページの「ゲームを仕掛けられたら注意せよ」参照）。

相手の心にほっこり石を置く

コミュニケーションは、発信者の意図と受信者の解釈の総和で、それが10割に近いほど、イエスが取りやすくなります。しかしコミュニケーションには相手がいて、シーンもいろいろです。ですから10割を実現するのは簡単ではありません。そこで登場するのが「相手の心にほっこり石を置く」です。これを専門的な言葉でいうと、正のストロークと言います。

正のストロークは相手に対するポジティブな働きかけです。あいさつをしたり、ほほえみかけたり、相手を心地よい気持ちにさせるものです。これを相手からされて返すのではなく、先に与えるのです。コミュニケーションのプロセスで、相手の心にほっこり石を置けば置くほど、10割に近づきます。

推せば、推されるようになる

相手を思い、相手に正のストロークを先に与える。これはまさに**相手を推すことにほかなりません**。そして推されることを嫌う人はいません。なにしろ、応援されているのですから。私はよく「営業は等価交換だ」と営業向けセミナーなどで説明するのですが、これはコミュニケーションでも同様で、いつも推してもらってばかりいると、相手は自然と「何か返したい」という気持ちになるものです。

また、どうしても「この人は推せない」という人もいるでしょう。その場合でも、(小さくてもいいので)ほっこり石を置いておくと、相手から嫌われることはまずありません。相手を家の居間まであげて家族のような距離感で付き合うのか、玄関までなのか、ご近所さんで終わりなのか、圏外なのか……(笑)。人間関係における距離感を自在にコントロールすることすらできるのが、ほっこり石の威力なのです。

一方、強引にイエスを取りにいく方法は、今の時代に合っていません。たとえその場ではイエス(説得に近い)を取れたとしても、継続した関係を築くのはむずかしいでしょう。つねに1回きりのやりとりを続けることは現実的ではないのです。納得してイエスをもらえるように行動すべきなのです。

ここまで来れば、なぜ私がコミュニケーションを推し活と言っているのかご理解いただけるはずです。コミュニケーションは単なる情報の伝達手段ではありません。相手を推しながら、自分の推しになってもらう推し活なのです。そして**それを可能にする力こそ、コミュ力**なのです。

コミュニケーションは非合理だからこそ、思いやりが効く

コロナ禍を経て、新しい働き方として定着したテレワーク。日本では緊急事態宣言が発令された2020年4月以降、多くの企業がテレワークを推進しました。その一方で、現在ではテレワークの推進だけでなく、出社を義務化する企業も続出しています。オフィス出社の是非が問われるようになったのです。

アメリカでもそれは同じで、ゴールドマン・サックス、メタ、アマゾンなど、有名な企業がオフィスへの出社を従業員に求めています。最低でも週2日なのかフルタイムなのか、出社日数はさまざまですが、いずれにせよ出社が求められているのです。

オンラインと出社で最も大きな違いが生まれるのが、コミュニケーションです。特にチームで仕事する場合はコミュニケーションが欠かせません。雑談がいいアイデアを生むとはよく言われますが、リアルのコミュニケーションの効果はそれだけではありません。エラーが起こりづらくなるのです。

たとえば、オンラインミーティングで参加者の何人かが画面をオフにしている状況を想像してみてください。もともと場の空気感を共有するのがむずかしいのに、いるとわかっているのに顔の見えないコミュニケーションは相手に負荷を与えます。全員が画面オフの通話のほうがましです。

電車内で通話されるとすごくストレスを感じるのに、数人でおしゃべりしている声はそれほど気にならないのはなぜでしょうか。その理由は、片方の会話しか聞こえないことと、会話のつながりが見えないために脳が不協和音を起こすからです。つまり、情報が断片的で空気感や文脈を共有しづらいのです。それならラジオのように不特定多数に一方的にしゃべる環境にしたほうがいいわけです。

リアルの会話ではこれは起こりません。もし、オンラインによるミーティングの目的や使い方をはっきり認識し、チームで共有できていれば、コミュニケーションエラーは起こりません。しかし、ただ便利というだけで使っているなら話は別です。コミュニケーションが円滑に進まなければ、業績に影響を与えるのは必至です。したがって、多くの企業は出社を求めるようになっているのではないでしょうか。出社＝時代遅れ、と簡単に断罪できるものではないのです。

今の世の中、合理的であることがよしとされています。コスパ、タイパ（最近ではスペパという言葉もあるようです。もう何でもありですね）がもてはやされるように、とにかく効率性がすべてといった風潮が強いです。仕事の進捗はすべて数字で管理され、必要なときだけ出社して上司（または部下）と会う。それでも業種によっては、仕事はスムーズに進みます。それで結果が出ているのであればなおさらです。その中で、わざわざ相手のことを考えてコミュニケーションを取るなんて、効率的とは真逆のことをしているようです。

しかし、コミュニケーションが人間と人間による活動である以上、これからも非合理な営みであり続けます。どれだけコミュニケーションの手段が進化して便利になっても、**人間と人間のやりとり、人間関係は非合理**なのです。仕事であれ、日常生活であれ、合理的にいかない局面は必ず訪れます。そこで生きるのが、相手への思いやりなのです。「あいさつなんてオンラインで済ませればいい」という考え方もあれば、わざわざ時間をつくり、交通費をかけて先方に伺うのでは、相手に与える印象は違います。ちょっとした差だとしても、これが重要なのです。

第1章のまとめ

第1章では、コミュニケーションについて考えてきました。第2章から、あなたのコミュニケーション能力をグングン上げていきますが、その前にあらためて本章でお伝えしたコミュニケーションの基本をまとめておきましょう。

コミュニケーションとは発信者の意図と受信者の解釈の総和

これが10割に近いほど、コミュニケーションが取れていることになります（要は伝わったかどうかがすべて）。逆にズレてしまうとコミュニケーションエラーが起こります。そのため、受け手がどう解釈するかが非常に重要なポイントでした。当事者が空気感（文脈）を共有できていなかったり、それぞれが勝手に自分の意図を押しつけようとすると、エラーが起こってしまいます。

コミュニケーションの目的はイエスを取ること

欲しい結果を手に入れる、とも言い換えられます。コミュニケーションではそれぞれが主体であり、お互いがイエスを取ろうとします。だから「自分が！」がぶつかり合ってしまうと、イエスは取れません。

イエスを取るためには思いやりが必要

思いやりを持つとは、「For You の気持ちで、相手の心にほっこり石を置くこと」。それが相手への推しになり、結果的に相手からも推されるようになる。だから、コミュニケーションは推し活なのでした。

推し活は時間がかかります。もし、その場しのぎで役に立つ

第1章のまとめ

テクニックを得ようと考えているなら、ここでやめましょう。「明日、代役としてプレゼンをしないといけなくなった」「急遽あいさつを頼まれた」といった事態を除けば、短期的な視点で考えるべきではありません。それではいつまで経ってもあなたのコミュ力は上がらないでしょう。もっと中長期で考えるべきです。

それでもまだ二の足を踏んでいるあなたへ、ドイツの哲学者フリードリヒ・ニーチェの名言をここで引いておきましょう。

「結婚生活は長い会話である」

結婚式のスピーチなどで聞いたことがある人がいるかもしれません。しかしこの言葉は夫婦だけに限ったものではありません。もともと夫婦は他人です。他人同士が長く付き合いを続けるためのアドバイスであるなら、それはもっと広い人間関係にも当てはまるはずです。

さあ、ここからが本番です。第2章では人間心理について学びましょう。

第2章

エゴグラムで人間心理を知る

人間の心理を知ろう

本章では、「For You」について掘り下げていきます。For You（相手のため）とは、相手を主語にして考えたり、相手の土俵に立って考えたりすることでした。コミュニケーションにおいて「私」ではなく「相手」がどう思うかを優先するには**相手の情報が必要**です。次の2つのケースを見てください。

（A）電車で席をゆずろうとして、断られてしまった。
（B）初対面の人と話す機会があったが、話がまったく弾まなかった。

（A）のケースの場合、断られてしまう理由はさまざまですが、そのうちの一つとしてよくあるのが「次の駅で降りるから」です。For Youの気持ちで席をゆずろうとしたわけですから、その行動自体は賞賛されていいはずです。ただこの場合は相手の都合を知らなかっただけです。

（B）のケースはどうでしょうか。初対面の人との会話がうまくいかない原因の多くは、相手のことをよく知らないからでしょう。初対面だと相手がどんな人なのか探りながら接することになります。打ち解けるまでの時間は人それぞれでも、距離を縮めるのがむずかしいことに変わりありません。

ここで注目したいのは、**情報量の差が与える影響**です。相手の情報量は多ければ多いほど役に立ちますし、逆に情報量が少ないとミスマッチが起こります。思いやりが大事だからといって、相手の土俵に土足で上がってしまってはただのおせっかいになってしまうように。

だから相手を知ることが大切なのです。とはいえ、それには時間がかかります。家族や長年付き合いがある人間でさえ、まだまだ自分が知らない側面はたくさんあるでしょう。

ではどうすればいいのか？　そこで登場するのが人間心理の理解です。ふつうは「みんなちがって、みんないい」（金子みすゞ）わけですが、それでもおおまかな傾向で分類することができます（どれほど有効かは別にして、血液型占いなどがそれ）。このあと紹介する網谷式エゴグラムもその一つ。網谷式エゴグラムは、相手の心の働きを5つのパターンに分けることで、相手がどんな傾向を持つ人間なのか？をざっくり把握し、その結果をもとにどう対処すればよいかがわかるというものです。

相手を理解するのは簡単ではありません。それでも、もし人間の心理からある程度の予測がつくのであれば、それを利用するに越したことはないでしょう。結果として、それが相手を思うことにつながるというのが、網谷式の特徴です。

人間の心の働きをパラメーター化する？

それでは網谷式エゴグラムについて、まずは簡単に概要を紹介しておきましょう。

網谷式エゴグラムは、ジョン・M・デュセイという名のドクターによって開発された「エゴグラム」を、私がビジネス向けにアレンジしたものです。

エゴグラムでは、人間が持つ心の働き、エネルギーを目に見える形にします。

「心の働き？　エネルギー……？」と思うかもしれませんが、RPG（ロールプレイングゲーム）に出てくるキャラクターを想像してみてください。各キャラクターにはたいてい能力を表した数値が並んでいるはずです。HP、MP、攻撃力、防御力、すばやさ……どのキャラクターも同じ項目を持っていながら、そのパラメーターはバラバラで、それが各キャラクターの個性を表しています。いわゆる戦士ならHPが高くて攻撃力が強く、魔法使いはMPの数値が高いはずです。もちろんゲームなので簡略化されていますが、プレイヤーはキャラクターの特性に合わせてプレーします。現実世界でこれと同じようにその人が持つ心のエネルギーを数値化しようとしたのが、エゴグラムです。

では、人間が持つ心のエネルギーとは何でしょうか。

それはCP（Critical Parent／厳しい親）、NP（Nurturing Parent／やさしい親）、A（Adult／大人）、FC（Free Child／活発な子ども）、AC（Adapted Child／従順な子ども）の5つです。

各エネルギーの説明は後述しますが、この5つのエネルギーを数値化すると、人それぞれさまざまなエゴグラムになります。エゴグラムは、その人の性格を表したプロフィールのようなものです。たとえば次ページのグラフのような場合、CP（厳しい親）のエネルギーが強い特徴の人、と言うことができます。ちなみに、エゴグラムは数値化したものをグラ

CPが強いタイプの一例

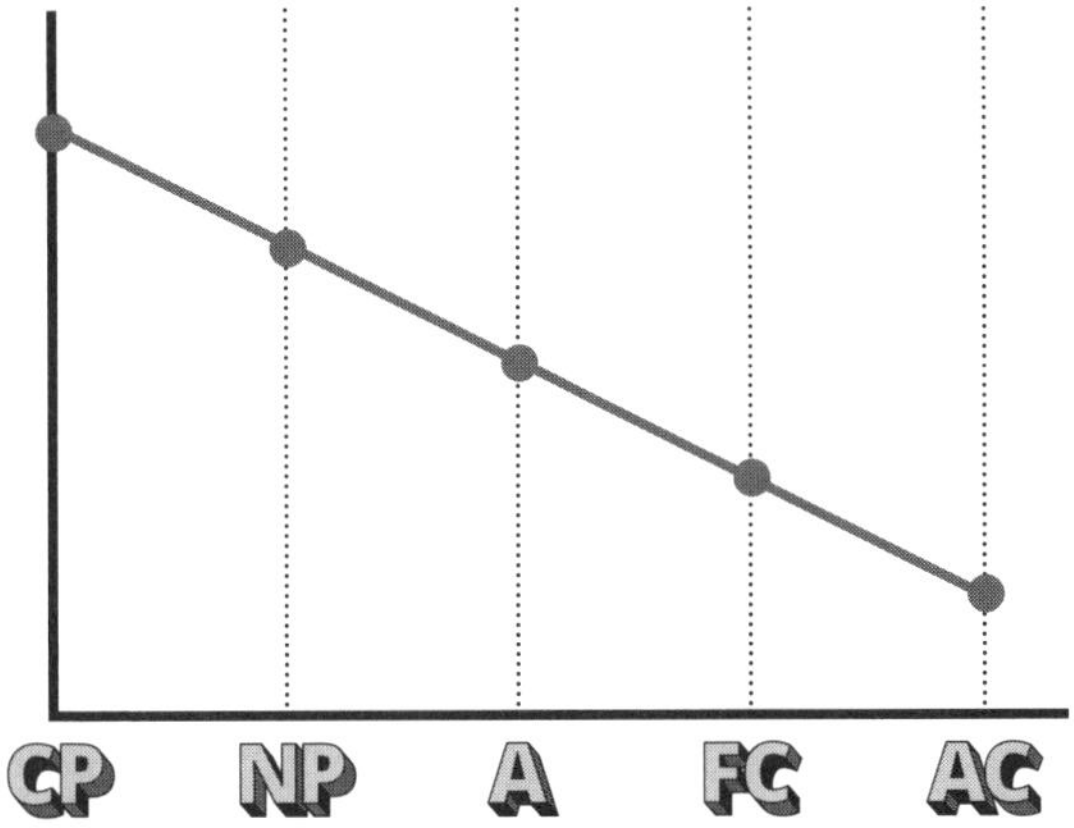

フで表すことが多いです。ひと目で特徴をつかむことができますね。

このエゴグラムはアメリカの精神科医、エリック・バーンが始めた心理学「交流分析」を下敷きにしています。デュセイの師匠と言える人です。エリック・バーンは人間の心を親（P）、大人（A）、子ども（C）の3つに分け、これらを自我状態と呼びました。そして、この異なる自我状態を持った人々がどのようにして交流するかも研究しました。交流分析は心理療法として発展してきましたが、私はこれを令和版の「ビジネス」「人材育成」「教育」の心理学として、活用しています。

エゴグラムは交流分析で言う自我状態をもとにしています。Ｐ（親）、Ａ（大人）、Ｃ（子ども）という３つの分類から、親を批判的な親（ＣＰ）と養育的な親（ＮＰ）、子どもを自由な子ども（ＦＣ）と順応した子ども（ＡＣ）に分けたのです。

本書ではＣＰ＝厳しい親、ＮＰ＝やさしい親、ＦＣ＝活発な子ども、ＡＣ＝従順な子どもとし、以降もこれに準じます。

エゴグラムは簡単なテストによって数値化することができますが、本書ではコミュ力を上げることに焦点を当てていますので、テストやその解説など詳細は割愛します。興味がある人は私の前著『人の心が読める ヤバい営業術』（白夜書房）や本書の巻末に記した参考文献をご覧ください。自分のエネルギーについての理解が深まるはずです。

さて、話を元に戻すと、どのエネルギーが強いのか、または弱いのか――それは人によって異なり、**まったく同じエゴグラムは存在しません**。血液型のようにきっちり分類できるものではなく、誰でも5つの特徴を多かれ少なかれ持っており、そのどれかが強く出る傾向にある、ということです。「あの人は後輩に厳しい」とか「ボランティア精神に富んでいる」といったおおまかな性格はなんとなく見て取ることができるわけです。

この特徴を理解すると、第3章で解説するやりとりのパターンがつかめるようになりますが、まずは各エネルギーの特徴を紹介しながら、それぞれ異なるエネルギーを持つ人々の相性などを見ていきます。

ＣＰは「支配」。自分にも他人にも厳しい？

最初に紹介するのはＣＰ（厳しい親）です。ＣＰはＮＰ（やさしい親）とともに親的な役割を担っているわけですが、ＣＰは文字どおり相手を批判したり、欠点を見つけたりします。この点からわかるように、**ＣＰは非常に支配的**です。しつけに厳しい親を想像すれば、その特徴がなんとなく理解できるはずです。

エネルギーは他者に向けられるだけでなく、自身に対しても同じです。自身に批判的＝自身を律する力（努力、継続力）を持っているとも言えます。「１週間後までに会議用の資料を作っておくように」と指示されたとき、ＣＰが強い人ならラクしたい、遊びたいといった気持ちを律することだってあります。もちろん人によりますが、自分にも厳しくすることができるエネルギーなのです。

また、そのほかのエネルギーにも言えることですが、ＣＰが高い、または低いからといって「良い」「悪い」を判断するものではありません。批判と聞くとマイナスなイメージを持ちがちですが、相手の欠点をあげつらったり批判するだけでなく、時には相手の間違いを正すこともあれば、ルールをしっかり守るといったことにもつながります。上司が部下をきびしく叱るのはその一例でしょう。

では、ここからＣＰの特徴を列挙していきます。考え方（どのような考えをしているのか？）、行動（どんな行動をするか？）、口グセ（よく口をつく言葉は？）、こんな人（ビジネスシーンで当てはまる職業など）の４つです。

これらの特徴を見れば、周囲に当てはまる人がきっと一人はいるでしょう。もしかしたらあなた自身かもしれません。

それでは、ＣＰの特徴的な性質を見ていくとしましょう。

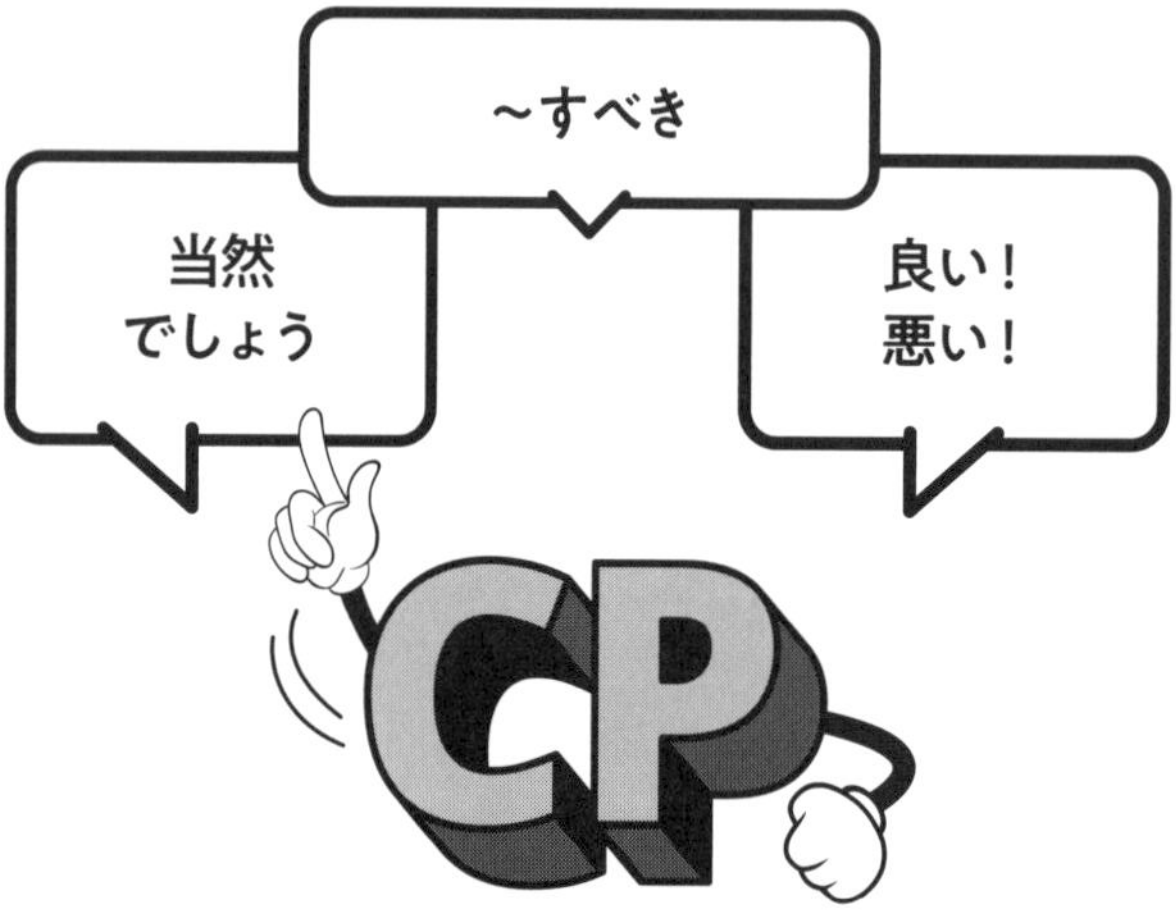

厳しい親 CP（Critical Parent）

考え方

・理想がある
・責任感がある
・ルールを遵守する
・白黒はっきりさせる
・損得で判断する
・真面目

行動

・他人の長所より短所に目がいく
・嫌なことははっきり断る
・物事をやり切る
・きびしく叱る
・威嚇する態度（マウント）を取る
・一つのことをやり切る

CPが強いタイプの一例

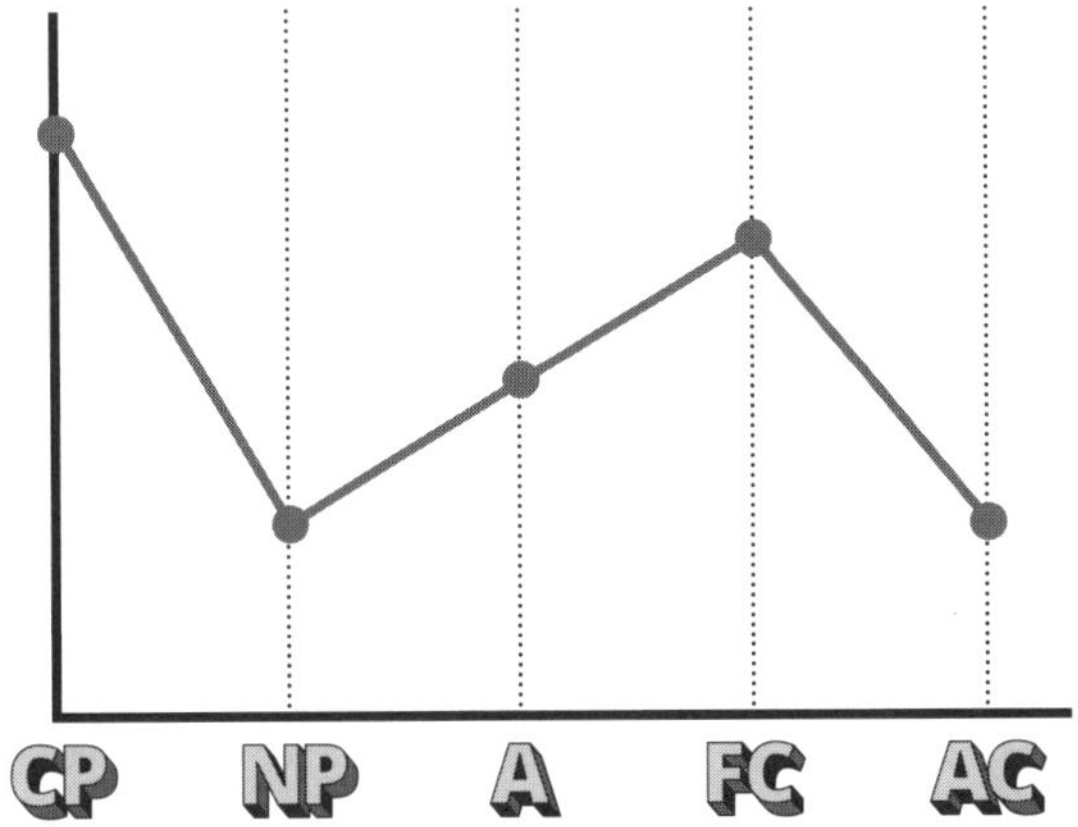

・継続する

ログセ

・〜すべき
・いつも〜だ
・良い、悪い
・決して〜でない
・当然でしょう
・格言やことわざの引用

こんな人

・経営者（特に不動産や金融、訪問販売）
・結果を出すビジネスパーソン

マウントを取りたい人たち

CP（厳しい親）は、親が子どもに対する行動のようなものと説明しましたが、それは権威性と結びつきます。子どもが親に反抗できないように、何か権威性によって自分が上に立とうとするわけです。**わかりやすく言うとマウントです**。

そのような兆候はいろいろな場面で見ることができます。たとえば、もしあなたがSNSを運用しているなら、自分のアカウントやフォロー、フォロワーのプロフィール欄を見てください。「一流大学卒業」「大手企業に勤務」や「フォロワー1万人達成」など、肩書きや誰でもわかる大きな数字をアピールしているのは権威性のわかりやすい表れでしょう。「念願のタワマンに引っ越しました」「テスラを買いました」といった投稿なども同じです。

また、SNSのフォロワーを増やすテクニックとして、「有名人やインフルエンサーにからみにいきましょう」というものがあります。「いいね」したりコメントしたりしてこちらに反応してもらおうとするテクニックですが、これもまさに有名人やインフルエンサーの影響力にあやかる――他人のふんどしで相撲を取ろうとしているわけですね。

くり返しになりますが、**権威性＝悪ではありません**。強い、弱いはあっても誰でもCPは持ち合わせていますし、それが求められるケースは日常にたくさんあります。事実、CPが強いタイプの人間は経営者に多いのですが、経営者にならなくても組織の中で誰かの上に立つ（出世する）なら、必須のエネルギーです。つまり、ビジネスパーソンとして活躍するために必要なエネルギーなのです。

権威は尊敬を集めることもあれば、権威をむやみに振りかざして嫌われることもあります。クロージングで最後の一押しとして有効な場合もあれば、「買ってください」と押し付けまがいのことをして嫌われることだってあるわけです。これらは何もビジネスに限った話ではありません。

仲の良い同僚のことを思えば、注意すべき？

ＣＰは良くも悪くも目立ちます。そのために誤解されがちですが、誰でも必要となる場面があります。ではどんな場合にＣＰが求められるでしょうか。次に紹介するのは、実際に私が見聞きした事例です。

ある銀行に勤めるＡさんには、同僚のＢさんがいます。ＡさんとＢさんは仲が良く、仕事帰りに食事をともにするほどの関係です。このＢさん、人当たりのいい性格をしているのですが、少しだけおっちょこちょいで、そのために仕事ではたびたび必要な資料が不足していたり、誤字脱字といったこまかいミスをしていました。

そのため、Bさんが稟議の承認を取りたいと思っても、上司からはいつも後回しにされてしまいます。上司は多くの部下を抱えていますから、ミスが多くよけいな手間を取られるBさんの対応をしぶってしまうのです。日々多くの決済や調整をしなければならない上司にとって、Bさんの優先度が下がるのは当然でしょう。

しかし、Bさんは自分に原因があるとは考えていません。それどころか「いつも自分だけひどい扱いを受けている」と思ってしまいます。ミスをした自覚はあるものの、一つひとつは小さいものです。したがって、自分の普段の行動が今の上司の対応を呼び込んでいるとは思わないのです。

そんなとき、AさんはBさんから上司の愚痴混じりの相談を受けました。Aさんは日常的にBさんと仕事をしていますから、問題の原因、つまり、なぜBさんは上司からイエスをもらえないのかを知っています。

もしあなたがAさんだったら、どうしますか？

たいていの人は、まず「そうだよね、大変だよね」といった具合に共感するでしょう。もしかしたらあなたも上司の愚痴を言うかもしれません。そしてここで終わってしまう人が大半かもしれません。

しかし、あなたは「Bさんは、少しミスが多いみたいだから、きっちりやったほうが承認取りやすいよ」と指摘しなければいけません。なぜなら愚痴に同意しただけでは、Bさんはいつまで経ってもなぜ承認が得られない（後回しにされる）のか、印鑑を押してもらえないのかわからないままだからです。

仲の良い人間にダメ出し、注意するのは気が引けるものです。誰でも良い人でいたいものですし、精神的にしんどい行動です。**「それでも」と弱点を指摘する。**こんなときに必要なのがCPのエネルギーなのです。

立場を変えて、あなたが上司の立場と仮定してみましょう。自分のことを尊敬してくれる部下Aと、自分とあまりソリが合わない部下Bが業務の進め方について意見をぶつけています。よくよく話を聞いてみると、どうやらBの主張が正しいようです。

このとき、あなたはAに対して「Bが正しい」ときっぱり言えるでしょうか。もちろん忖度はあってもいいでしょう。しかし確実に間違っているなら、ちゃんとCPを出すことも必要なのです。

NPは「思いやり」。見返りを求めない行動？

次に紹介するのはNP（やさしい親）です。同じ親でも厳しいCPとは真逆で、思いやりという言葉がぴったりの役割です。そう、「ほっこり石を置く」ために最も重要なエネルギーと言えます。思いやりを持った行動が、最終的に周囲の人から応援されるという行動を呼び込むのです。

そんなNPは、無償の愛で、見返りを求めないのが最大の特徴です。ボランティア活動などはまさにNPが高くないとできません。

いくつか特徴的な性質を挙げてみましょう。

やさしい親 NP (Nurturing Parent)

考え方

・困っている人を助けたい
・ボランティアしたい
・めんどうを見たい
・自分よりも他人を優先する
・役やキャラクターに感情移入しやすい
・人に良く思われたい

行動

・他人を助ける
・一緒に喜ぶ
・共感する
・他人のミスに寛容な態度を取る
・誰にでもいい顔をする（八方美人）

NPが強いタイプの一例

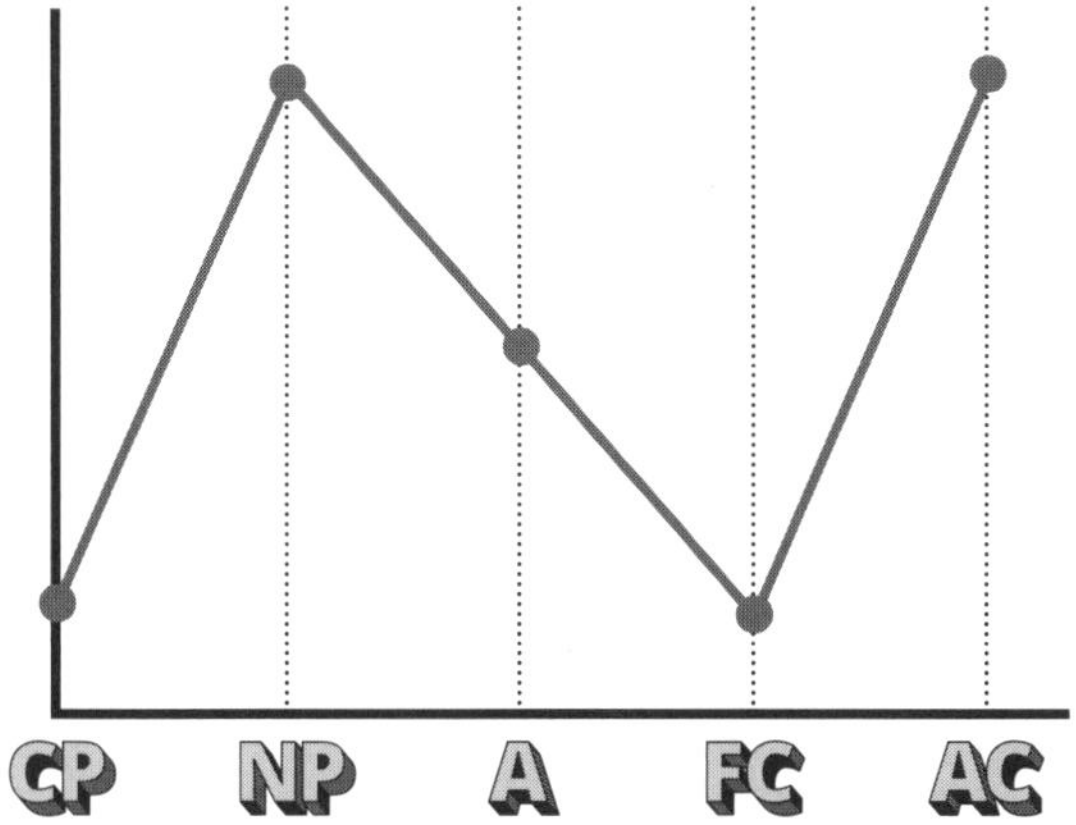

ログセ

・わかります
・〜してあげる
・がんばろう
・任せて
・大丈夫
・できるよ

こんな人

・NPO法人のスタッフ
・保育園や幼稚園の先生
・介護施設の職員

八方美人も良し悪し

ＮＰによる行動は見返りを求めないものが多いので、特にビジネスにおいては「自分の評価が上がらないのでは」と思われるかもしれません。しかし、必ずしもそうではありません。

たいていの仕事はチームで行われます。どんな業種に携わっていようとも、たった一人で仕事するというのはあまり考えられません。会社に勤めている人に限らず、個人事業主でも取引先と仕事をするなど、結局チームで仕事をすることになるからです。

そんな中、ＮＰが高い人は自分の成果を上げよう、評価だけを上げようと考えるのではなく、**チームの利益を優先します**。たとえば10のうち7しかできない人がいたとして、残りの3を手伝うのです。

そのため、人より仕事の量が増えるし、ほかの人の評価を上げることになって自身の評価が上がらないと考えてしまうかもしれません。

しかし、よほど悪い組織でなければ、NPの人はしっかり評価されます。違うプロジェクトが立ち上がったとき、「○○さんを入れよう」という動きになるのです。なぜなら、ほかの人の仕事まで手伝う人はチームに一人はいてほしい人材だからです。

ただし、自分の手柄だけを考える人間はどうしても存在します。その際は、手伝う量を減らしたり、「これは私がやりました」など、公の場で一言付け加えておく必要があります。

また、先ほど出世するならCPが必要と説明しましたが、チームのために貢献するNPは、それだけでは出世できません。というのも、チームへの貢献という名目で誰かのミスをかばってばかり、という状況になりかねないからです。

自身が上司の立場だと仮定してみてください。部下がミスをしてしまったら、時にはしっかり怒り、成長を促すことだって必要です。しかしそれさえも、「かわいそうだから」と自分が矢面に立ってしまったら、部下のためにならないわけです。それだけでなく、つねに自分が謝っているために「仕事ができない人」という評価にもなりかねません。部下からの信頼は厚くなるかもしれませんが、上司からは嫌われる。その結果、出世しないということになってしまうのです。

NPだけでは出世はむずかしいものの、人から応援されるためには必要――このようにNPはバランスがむずかしいエネルギーです。そのため、八方美人になりすぎないことが重要です。「誰にでも良い顔をしている」と受け取られるリスクだってあります。

その一つの兆候が、「自分のお人よしに疲れてしまう」ことです。疲れるとは、どこかで見返りを求めていることの裏返しです。それは当然のことですが、自分がたくさんの見返りを求めると、同じような人間が集まってくるのです。その結果、牽制し合うようになります。

良い顔をするためにがんばろうというのはそもそもが間違いなのです。相手の思いを知るためにNPを出すことが大切で、自分が良い人に思われたいという動機だと、その本質からズレてしまいます。

Aは「司令塔」。すべてのエネルギーをコントロール

Ａ（大人）を一言で表現すると司令塔です。論理的に考え、客観的に判断するために必要なエネルギーです。**Ａは感情ではなく、論理を司ります**。合理的な判断を下し、感情に流されることが少ないのが特徴です。５つのエネルギーのうち、ＣＰ（厳しい親）、ＮＰ（やさしい親）、ＦＣ（活発な子ども）、ＡＣ（従順な子ども）は感情の動きを表しています。そう、この４つのエネルギーをコントロールする役割を担っているのです。

同僚や部下へ注意・指摘することが必要だと考えてＣＰ（厳しい親）を出す、逆に共感して話を聞く、といったケースバイケースで判断する力です。Ａの行動指針はとにかく合理的です。Ａに限って言えば、高いほどいいと言える重要なエネルギーです。

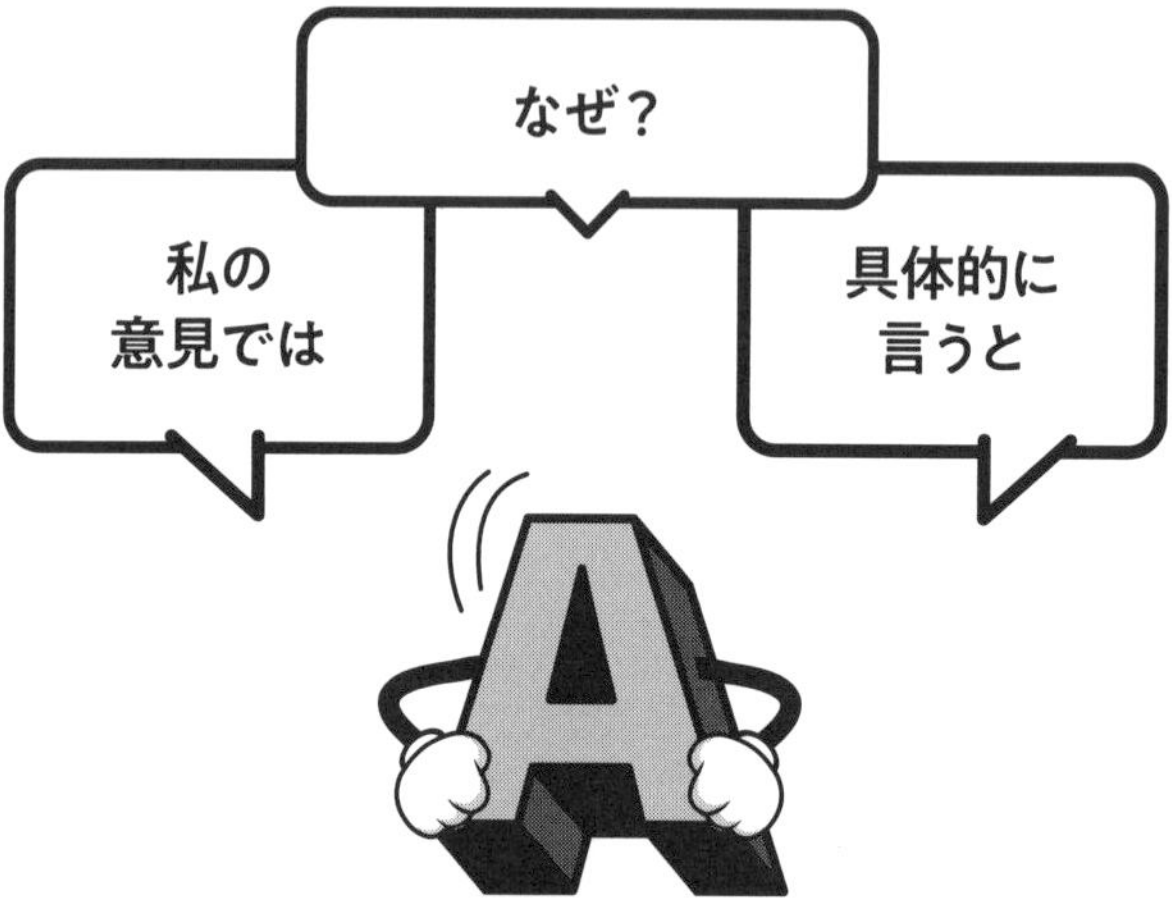

大人 A（Adult）

考え方
・論理的
・客観的
・冷静
・合理的
・冷徹

行動
・数字やデータを重視する
・物事をさまざまな角度から検討する
・計画を立てて行動する
・過去を分析する

ログセ
・いつ、どこで、誰と、何を、どのよう

Aが強いタイプの一例

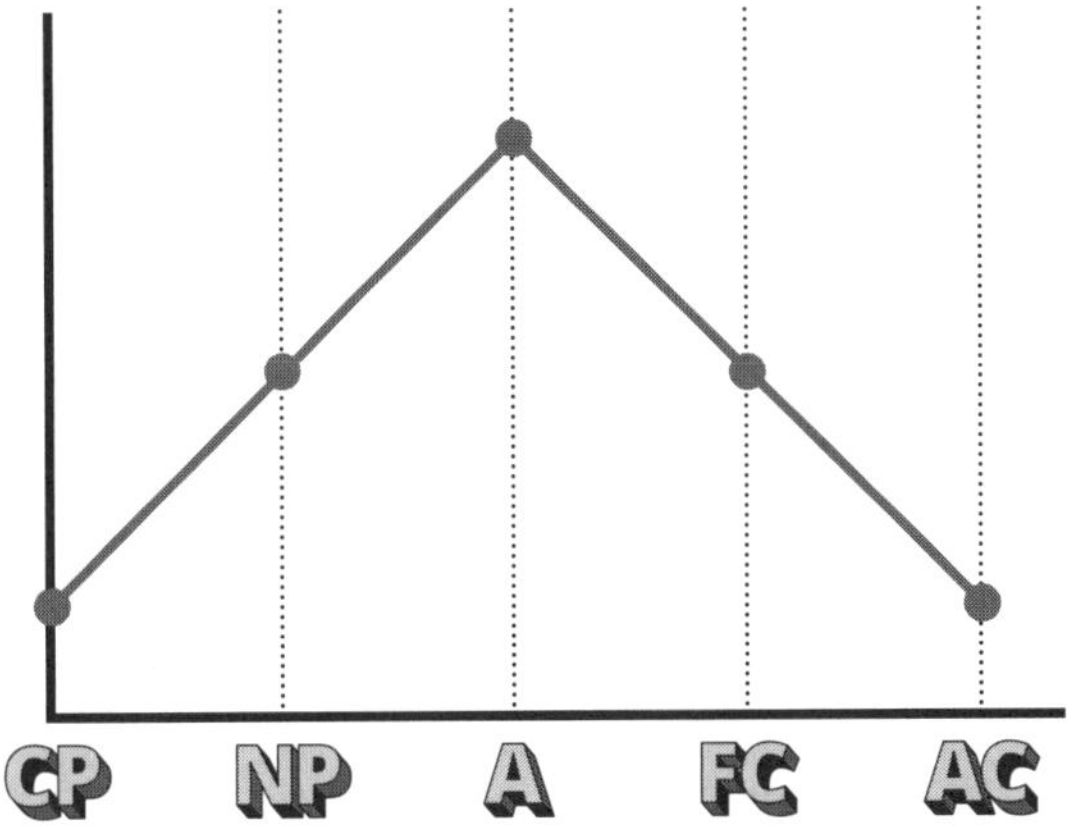

に
・なぜ？
・私の意見では〜
・具体的に言うと〜
・要するに〜

こんな人

・IT、AIベンチャーの起業家
・結果の出ているコンサルタント

Aが足りない＝アダ欠な人たち

Aは4つのエネルギーをコントロールする非常に重要なエネルギーです。これが低いとビジネスはもちろん、日常生活でも困った事態を引き起こし、感情に振り回された生き方になります。

- 物事を好き嫌いで判断する。
- 「仕事だから仕方ないよね」といった愚痴ばかりを吐く。
- 自責よりも他責で考える。
- 人から「要点は何？」と聞かれる。
- 他人から話が長いと言われる。
- ニュースの見出しだけで物事を判断してしまう。

・自分の価値観だけで正しいと思うことを人に押し付ける。

もし、これらのうち一つでも当てはまるなら、Aのエネルギーが弱い可能性があります。何でも感情だけで判断したり、客観的に判断することができない状態です。私はこれを**A欠乏状態（アダルト欠乏状態）＝アダ欠**と呼んでいます。

64ページで、上司からなかなか承認が得られないケースを紹介しました。これはまさにアダ欠が原因です。「上司は私のことが嫌いなんだ」と感情的に物事を判断しています（実際は、ミスが多いせいで後回しにされているだけ）。

何か問題が起こったとき、またはミスをしてしまったとき。その原因を客観的に分析することができれば、一時的に評価を落とすことになっても、中長期で見ればプラスに変えることができます。そうではなく、感情で判断（行動）しているうちは、いつまで経ってもミスをする自分のままです。

合理的な考え方をしたり行動を取る人と、感情で動いてそのときによって言うことや行動がブレる人、どちらが信頼されるかは言うまでもありません。

また、何かを説明したり説得したりする際にもAは欠かせません。次の2つの説明を比べてみてください。

（A）新製品のXYZモデルは、従来のモデルに比べて30パーセントの省エネ効果があり、またパフォーマンスも25パーセント向上しています。さらに市場調査によると、顧客満足度が90パーセントを超えており、競合製品と比較しても圧倒的な評価を受けています。

（B）新製品のXYZモデルが進化しました。性能が良く、デザインもリニューアルしました。使いやすいと評判で、よく売れています。

（A）では具体的な数字やデータを挙げて製品の特長や優位性を示している一方、（B）では具体性に欠け、抽象的で説得力に欠ける内容になっています。「これは極端でしょ」と思う人ほど、（B）のような説明や報告をしていることが少なくありません。

アダ欠はビジネスにおいてノーチャンスです。少しでも上の立場に行こう、成功したいと思ったら、欠かせないエネルギーなのです。

FCは「あるがまま」。いわゆる愛されキャラ

ＦＣ（活発な子ども）は「あるがまま」。天真爛漫な子どもを想像していただければ、そのあり方が理解できるでしょう。喜怒哀楽の感情を素直に表現したり、周囲の人間と楽しく過ごすことができるエネルギーです。一緒にいて楽しいので、人に好かれたり、誰かを巻き込むこともできます。**いわゆる愛されキャラ**と言われる人はこのＦＣが高い傾向にあります。

ＦＣが高い人は人に好かれます。したがって、仕事においてもＦＣは高いに越したことはありません。もし同じ能力の人間が2人いて、一人はＦＣが低いノリの悪いタイプ、もう一人はＦＣが高い愛されキャラなら、どちらが評価されやすいかは言うまでもありません。

活発な子ども　FC（Free Child）

考え方

・好奇心が強い
・おもしろいことが好き
・自由に発想する
・無邪気
・一緒に○○したい

行動

・新しいことに挑戦する
・自然に甘える
・衝動的に行動する
・その場のノリで動く
・直感で決める

FCが強いタイプの一例

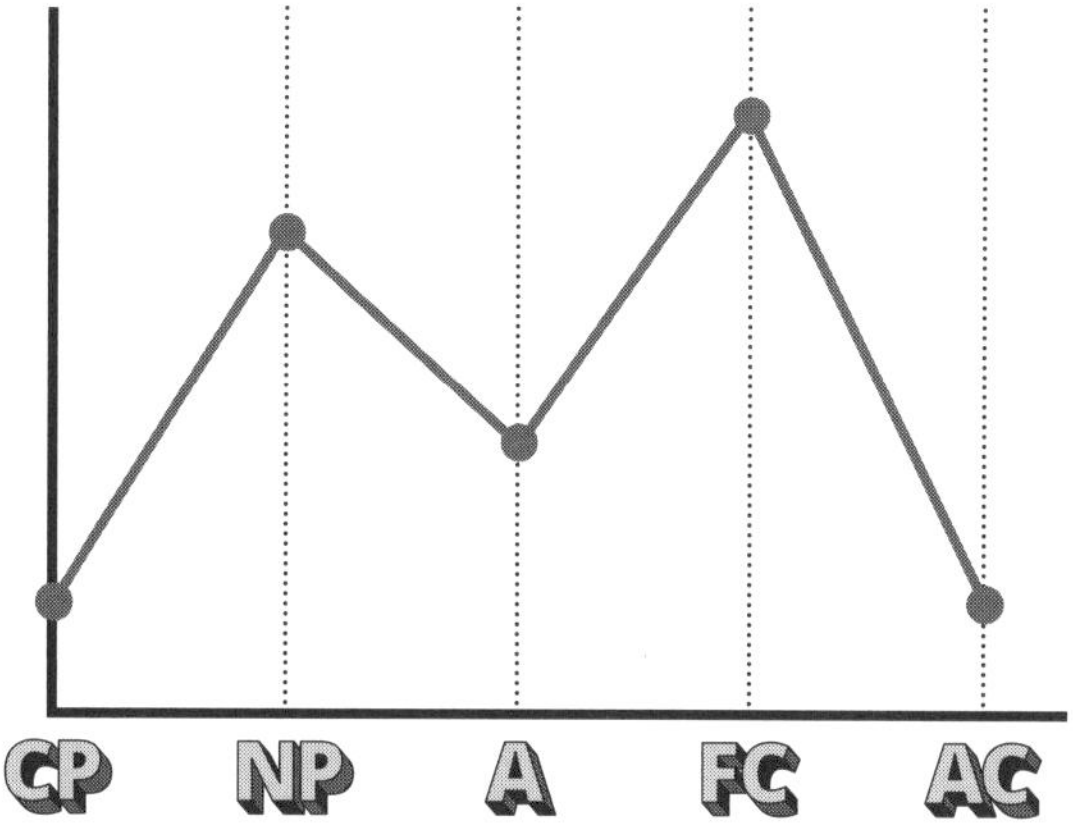

ログセ

・わ〜!!
・〜したい
・〜したくない
・すごい
・楽しそう
・うれしい
・助けて

こんな人

・楽しい企画を考えるYouTuber
・MC
・アパレルの店員
・美容師

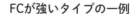

度が過ぎるとイタい人!?

「こうやったら、おもしろくないですか？」
「どんどんやっちゃいましょうよ」

このようなノリや巻き込む力が有効に働きやすいのは、ベンチャー企業をはじめ、人を集める必要がある場合です。いわば、この指止まれ！です。**合理的に考えるだけでは物事が進まないような状況で、より力を発揮します。**

また、ちょっとしたミスをしたとき、「コイツなら、しょうがないな」と思ってもらえるのも、FCの高さゆえです。いつも厳格な上司がたまにおちゃめな一面を見せれば、それだけで部下から親しみを覚えてもらいやすくなるのも同じ効果です。

FCはとっつきやすく場の空気をよくするので、チームに一人はいてほしい人材と言えます。

ＦＣが高い人は「なんだか、おもしろそう」で買ったりＧＯサインを出したりするので、相手にも同じように説得したりセールスをしたりしがちです。

そのため、さまざまな選択肢を検討し、慎重に判断するような場合でノリで押し切ろうと思ったら逆効果になってしまいます。

その最たる例が高級車のディーラーです。たとえばベンツの購入を検討している人に、「ベンツ、めっちゃカッコイイすよね」なんて軽めのテンションで話しかけたら、相手はどう思うでしょうか。高額な商品を購入する人は、ある程度ステータス性を求めていると言えます。そんな人に対していきなりＦＣ（軽いノリ）で接してしまうと「自分が求めてる人とは違う人間だ」と距離を取られてしまいます。

これはＢ to Ｂビジネスも同じです。美容室やアパレルなどＢ to Ｃの現場では（それが見せかけだとしても）しばしばＦＣが高い人を見かけますが、新規の取引先の担当者にノリのいいあいさつはしないはずです。

このように、ただノリがいいだけだと**空気が読めないイタいヤツ**と判断されてしまうのがFCでもあります。

ACは「従順」。あなたに合わせます

5つのエネルギーの最後はAC（従順な子ども）です。人の言うことをしっかり聞き、協調性が高い——**聞き分けのいい子**です。

親の言うことをしっかり聞く、上司の指示を守る、会社の方針に従う、社内のルールを遵守する、自分の力を誇示するよりも組織に守られたい。このような傾向が強く出るのがACです。

そのため、ACは組織で働く人間には欠かすことのできないエネルギーです。言葉を選ばずに言えば、組織の歯車としてしっかり機能することが求められるので、独立

志向が強かったり自分のやり方に固執するようでは、組織の一員としての役割は果たすことができません。

その一方で、与えられた仕事をきっちりとこなすことはできるものの、決断力が弱く、割り振られた仕事以外のことや新しいことにはあまりチャレンジしないという特性もあります。

また、積極性が低いせいか、他人が決めたことに嫌でも従ったり、他人の顔色をうかがうことも少なくありません。

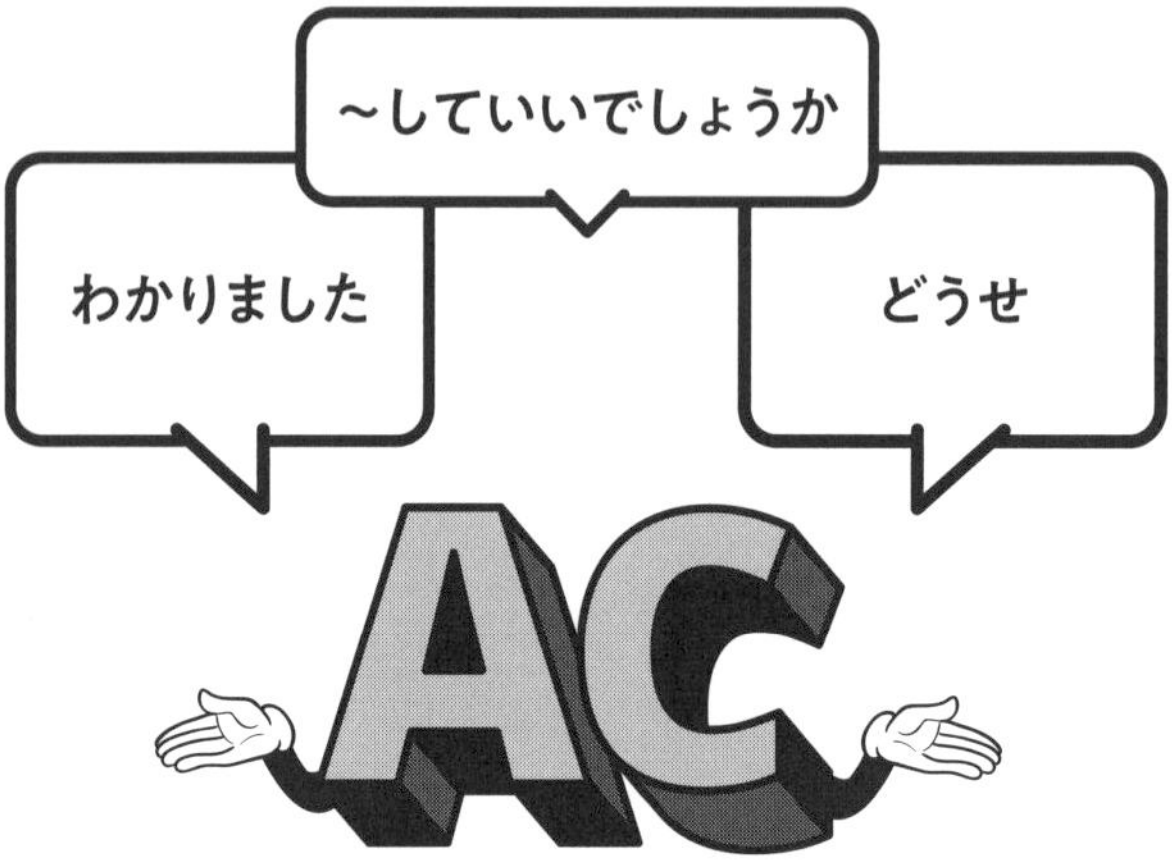

従順な子ども AC（Adapted Child）

考え方

・迎合的
・気をつかう
・すなお
・他人の評価が気になる

行動

・思ったことを口に出せない
・消極的
・他人の機嫌を取る
・他人の顔色をうかがう
・おとなしく従う

口グセ

・〜していいでしょうか

ACが強いタイプの一例

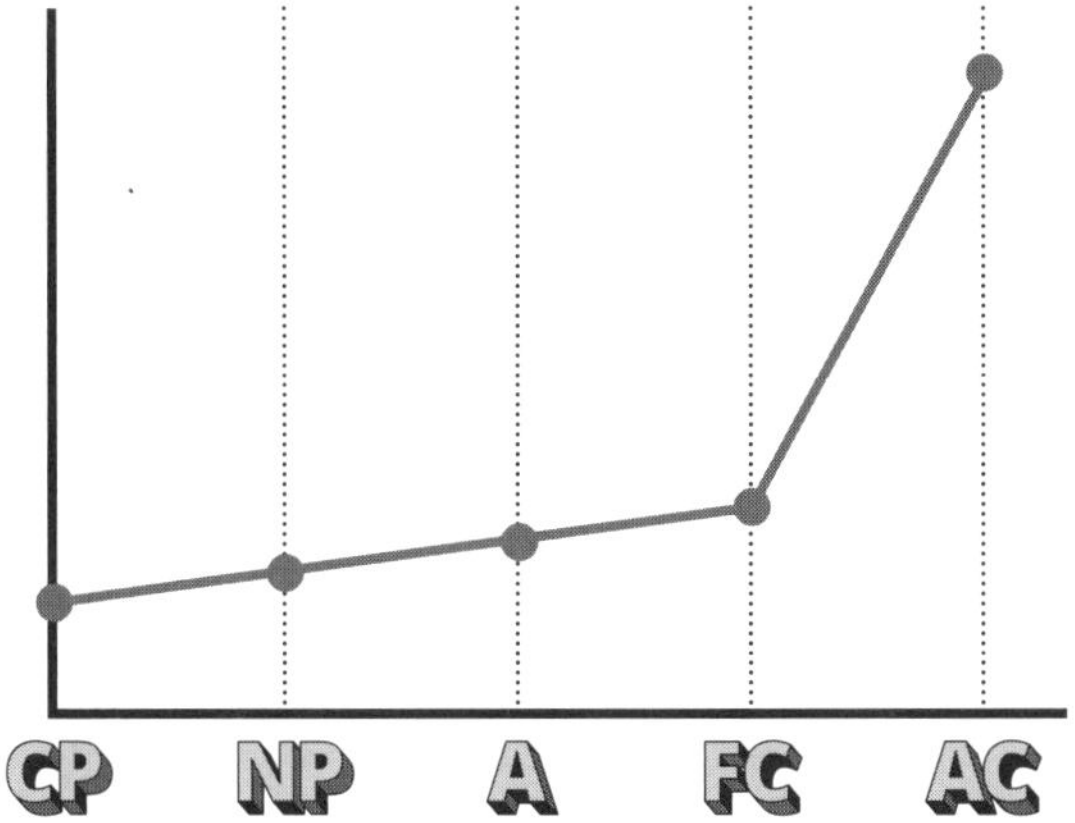

・～するつもりです
・わかりました
・どうせ
・……はい

こんな人

・中間管理職
・公務員
・自営業者でも何かの会に属していたい人

組織で働く人間に必須のエネルギー

ＡＣは組織に所属するビジネスパーソン必須のエネルギーと説明しました。ほとんどの社会人は、何かの組織に属していますから、ＡＣは多かれ少なかれ持ち合わせているはずです。

ＡＣ（従順な子ども）が従うのは親、特にＣＰです。ＣＰは権威性を表すものでしたが、組織には必ず従うべき権威がいます。次ページのピラミッドをご覧ください。

ＡＣは自分より上の存在がいなくなったとき、はじめて表に出さなくてよくなります。たとえば、中学や高校の部活動において、３年生が引退したあとの２年生を考えれば、簡単に理解できるはずです。

組織のピラミッド

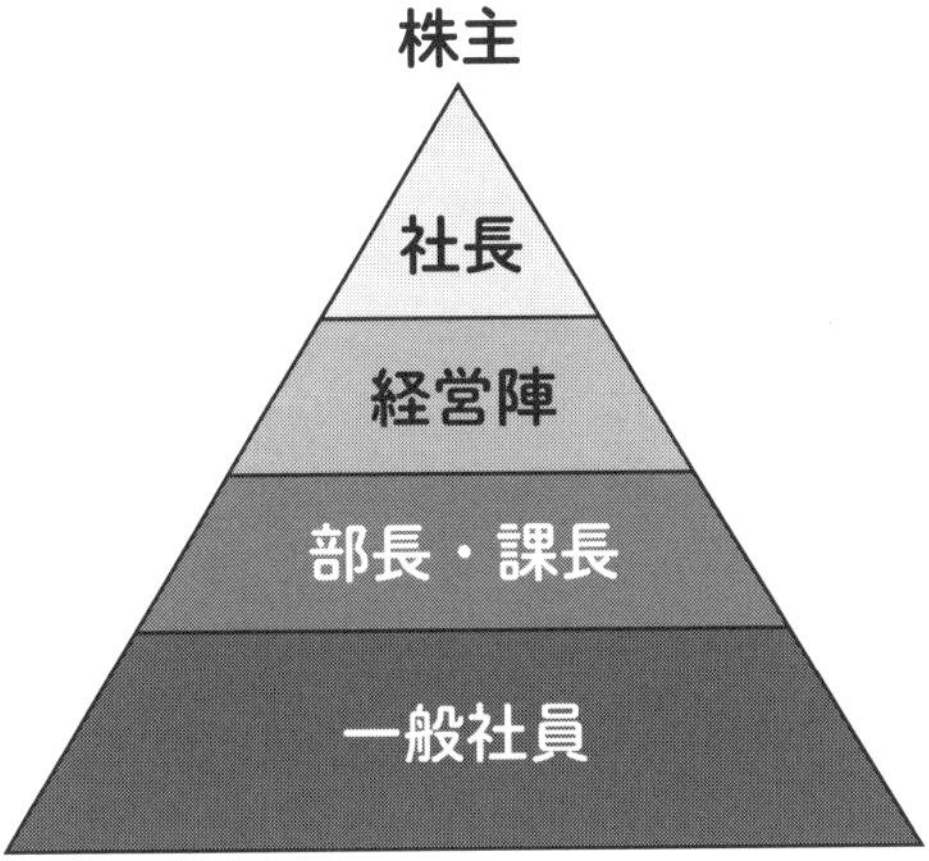

しかし、組織のピラミッドを見ればわかるとおり、つねにＡＣは必要だと言えます。上場企業では組織のトップである社長でさえ、厳密に言えば株主に対してＡＣが求められるわけです。したがって、ＡＣが不要になることはほとんどないのです。

以上のことから言えるのは、ある程度の規模の組織では、ＣＰ（厳しさ）とＡＣ（従順）の関係を明確にすると、統制が取れやすくなるということです。昔ながらの朝礼などはその一例です。

ただし、それは昭和や平成までの話。令和の今、組織も個人もこれまでのＣＰ

でACを従わせるというやり方ではムリが生じるようになりました。

というのも、このACには**反抗のAC**という裏？エネルギーが存在するからです。専門用語でRC（Rebellious Child）と言われることもあります。これは簡単に言うと逆ギレです。上から無理やり押し付けてしまうことで、相手は納得がいかず、モヤモヤが溜まっていくことで発生します。特に現代では価値観の変化も相まって、反抗のACが出やすくなっていると言えます。


ちなみに、私はACが非常に低いです（20点中1〜2点でした笑）。誰かの下につくことが苦手なのです。そのため保険営業しかり、コンサルタントしかり、自分の足で立つ仕事をしているわけですが、上司と意見が合わない、会社の方針に納得がいかないといった人もACが低いと言えるでしょう。

ACが低いままだと、ただのわがままになってしまいます。このあとの項で説明しますが、AやCPなど、ほかのエネルギーで結果を出さなければなりません。

何か1つのエネルギー〝だけ〟ではうまくいかない

これまで各エネルギーの特徴を見てきましたが、それぞれプラスの働きもあれば場合によってはマイナスに働くケースもありました。エゴグラムは人によって強く出るエネルギーが異なります。どのエネルギーがすぐれているかを言うものでもありません。しかし、**何か1つのエネルギーだけが強い**場合は、そのエネルギーを意図的に下げてみたり、ほかのエネルギーを意識的に出していかなければいけません。

それぞれのエネルギーの特徴を一言で表現するならば、次のとおりでした。

・CP（厳しい親）は支配。
・NP（やさしい親）は思いやり。

・A　（大人）　は論理。
・FC　（活発な子ども）　は自由。
・AC　（従順な子ども）　は従順。

何か1つのエネルギーだけというのは、簡単に言えば**ただ厳しい人、ただ良い人、ただうっとうしい人、ただ明るい人、ただ言うことを聞く人**ではダメだということです。

もう少し具体的に説明しましょう。

CPは権威性によって支配するわけですが、恐怖で人を縛り続けることがむずかしいように、いずれ人が離れていってしまいます。また、経営者同士になると損得でつながる人間関係になりがちなので、そのバランスが崩れると人間関係も崩れます。

NPは一見、それだけでも問題ないように思えますが、ただのボランティアになってしまう可能性があります。

Ａは非常に重要なエネルギーですが、Ａが高いだけの人はおもしろみのない人間という印象を与えます。なぜなら、基本的にＡには感情が入らないので、冷酷に見えてしまうからです。

ＦＣは人を集めることができますが、ＦＣだけではビジネスにおいて売り上げを上げることができません。それなりまでは可能でも、ここぞ！というときはＡによる合理的な判断やＣＰ（威圧的）によるクロージングが必要なのです。

そしてＡＣにおいては、すでに説明したとおり、ただ人の言いなりのままでは評価されづらくなります。月収１００万円の鞄持ち、ぐらいまで突き抜けることができるならば話は別ですが……。

そんなわけで、できるだけ２つか３つ、強いエネルギーを持っていることが理想です。もし、これらのエネルギーに何かを1つ足すなら、**それはAです**。CP＋A、FC＋Aなど、つねにどこか客観的に判断することができれば、「ただの○○な人」になるのを避けることができます。

Aだけでは冷たい人間に思われると説明しましたが、そのリスクを考慮しても、Aはビジネスにおける成功に欠かせないエネルギーなのです。

コミュニケーションにおいて大事なのはNP＋A

第2章は説明が長くなりましたので、ここで一度、コミュニケーションの目的とその方法をおさらいしておきましょう。

・コミュニケーションの目的は、イエスを取ること。
・イエスを取るために必要なことは、思いやり。

・思いやりとは、ＦｏｒＹｏｕの気持ちでほっこり石を置くこと。

第2章で説明してきたのは「Ｆｏｒ Ｙｏｕの気持ち」についてです。相手のためと思うには、相手の情報が必要です。そして、その方法としてエゴグラムを紹介しました。

特に網谷式エゴグラムは人間の心の働き（エネルギー）を5つのパターンに分けることで、言動や行動からある程度どんなキャラなのか?を把握することを可能にし、実際の行動にまで落とし込めます。自身の人間関係を見渡してみれば、なんとなく「あの人はＣＰが強い人だな」といった感覚がつかめるでしょう。

エゴグラムは相手を知るためだけに役立つものではありません。実は、コミュ力を上げるために必要なエネルギーを教えてくれます。それは、**NP+A**です。厳密に言えば、根っこがやさしいＮＰと合理的なＡが基本で、これを続けるために継続力のＣＰを発揮し、組織にいる人間なら従順なＡＣも求められ、時にはＦＣで遊び心を出せれば最高ですが、ひとまず置いておきましょう。

ＮＰは思いやりのエネルギーですから「ＮＰだけでいいのでは？」と思われるかもしれません。しかし前項で見たとおり、ＮＰだけではただの良い人、おせっかいな人、もっと言えば、都合のいい人間にしかなれません。本当の意味で相手の立場に立つには、Ａが必要なのです。

この点については第４章でくわしく解説していきます。

第2章のまとめ

第2章では、人間心理について考えてきました。網谷式エゴグラムを利用し、相手の心の働きを5パターンに分けることで、人によってどのエネルギーが表に出やすいのかを確認しました。それが相手への理解を深めることにつながります。

相手の情報量をどれだけ知っているか？

コミュニケーションにおいて、相手の情報量は多ければ多いほど役に立ちます。逆に情報量が少ないとミスマッチが起こります。思いやりが生きるのは相手への正しい理解があってこそ。相手の土俵に土足でずかずか上がってしまっては、ただのおせっかい（イタい人）になってしまいます。

エゴグラム

エゴグラムとは、人間が持つ心の働き、エネルギーを見える化したものです。

さながらRPGに出てくるキャラクターのように、その人が持つ心のエネルギーを数値化しようとするものです。エゴグラムでは次に紹介する5つのエネルギーに分けられます。

5つのエネルギーとその特徴

・CP（厳しい親）
・NP（やさしい親）
・A（大人）
・FC（活発な子ども）
・AC（従順な子ども）

どのエネルギーが高ければよい、というものではなく、人によってどのエネルギーが高いか、低いかは変わります。それが

第2章のまとめ

その人の個性です。ただし、どれか1つだけのエネルギーが高いのは「ただ怖い人」「結果を出し続けられない人」といった単一的な印象を持たれてしまうリスクがあります。

コミュ力に大切なのはNP＋A

エゴグラムは相手の情報を得るために役立つだけでなく、コミュ力を上げるためのエネルギーも教えてくれます。それが、NP（思いやり）＋A（論理）の2つのエネルギーです。

人間心理は本来もっと複雑です。エゴグラムやその元となった交流分析を勉強しようと思えば、さらに深い洞察も得られるでしょう。しかし現時点では、網谷式エゴグラムでざっくり心の働きを把握するだけで十分です。より大切なのは、あなたが思いやりを持ってコミュニケーションが取れるようになること

第2章のまとめ

＝コミュ力アップなのです。

続く第3章ではエゴグラムに基づくコミュニケーションのパターンを分析します。コミュニケーションが成立しているのはどんな状態なのか、逆にエラーが起こるのはなぜなのか、その仕組みをエゴグラムとともに見ていきます。

第3章

エゴグラムでやりとりを分析する

3つのコミュニケーションパターン

コミュニケーションエラーは空気感（文脈）が共有できていない＝情報量が少ないことから起こるとくり返し説明してきました。しかし第2章で紹介したエゴグラムを活用すれば、相手の情報（どんな人なのか？）を言動や行動からある程度得られるようになります。

次は、それを個人から人間関係に広げて考えていきます。エゴグラムが示す心の働き、エネルギーは実際のコミュニケーションにも大きく影響を与えています。その作用を見ていこうというわけです。

普段、いろいろな人とやりとりする中で、次のように感じることはありませんか？

「この人とは話がはずむな」
「あの人とは話が噛み合わないな……」
「本音でしゃべってくれないなあ」

このような印象を持つ背景には、各エネルギーの相性が関係しています。CP（厳しい親）とAC（従順な子ども）、NP（やさしい親）とFC（活発な子ども）のような対極にあるエネルギー、NPとNP（やさしいもの同士）、AとA（合理的なもの同士）のような似た者同士は相性がいい傾向にあるのですが、これが実際のやりとりに大きな影響を及ぼしているわけです。

具体的なやりとりを観察していくにあたって、まずはコミュニケーションを3つのパターンに分けたいと思います。

・スムーズなやりとり
・すれ違うやりとり
・裏のあるやりとり

円滑なコミュニケーションを図ろうと思ったら、目線や距離感、テンションを合わせることが必要です。それはラジオの周波数のようなもので、これが合わないとノイズが入ります。お互いの相性がよければ自然に合うかもしれませんが、必ずしもそうとはかぎりません。

人は自分の得意なエネルギーで伝えたり、受け取ったりします。それがスムーズなやりとりを生むこともあれば、すれ違うこともあるのです。世の中にはセンスでうまくできる人もいますが、それはほんの一部でしょう。

これから説明していくコミュニケーションの3パターンを知ると、相手や状況に合わせた対応が可能になります。相手を変えることはできませんが、自分から合わせることはできます。それが、ＦｏｒＹｏｕの気持ちを持つことです。

スムーズなやりとり

1つめは「スムーズなやりとり」。コミュニケーションが円滑に進むパターンです。

部長「俺らが若い頃はもっと苦労していたけど、最近の新人はなってないよな」
課長「なってないですよね。我々の苦労を教えてあげたいですよ」

（図1）
CPとCPのやりとり

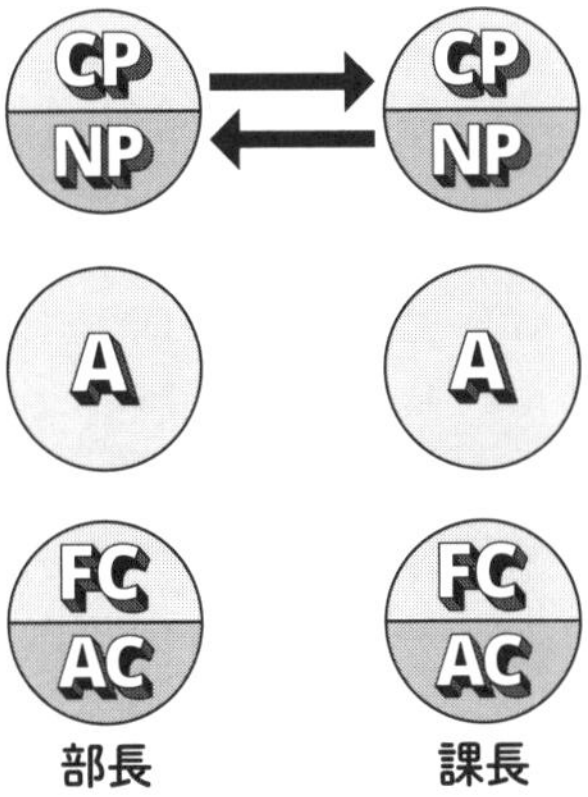

自分が発信するメッセージに対して、期待どおりの反応が返ってくるのが、「スムーズなやりとり」です。人は得意なエネルギーで伝えたり受け取ったりしますが、無意識のうちに相性のいいエネルギーからの反応を期待するというわけです。これを図で表すと図1（105ページ）のようになります。このように矢印同士が並行になるのが特徴です。もう少し例を挙げてみましょう。

お客様　「課長のお帰りは、いつごろになりますか？」
新人社員　「○○は午前中、外回りに出ておりまして、午後13時の帰社予定です」

（図2）
AとAのやりとり

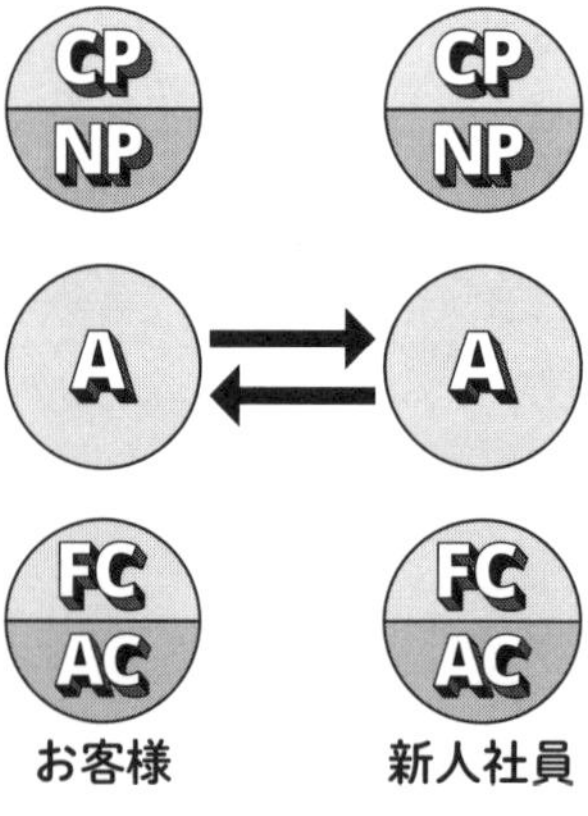

これはAとAですね（図2）。このような情報の交換に感情は関係ありません。事実を聞きたいお客様と、求められる情報を返す新人社員。ここでは過不足なく情報を伝達できています。

新人1「今日、初のボーナスじゃん、帰りに飲んでく？」
新人2「いいね、お店予約しておくよ」

（図3）
FCとFCのやりとり

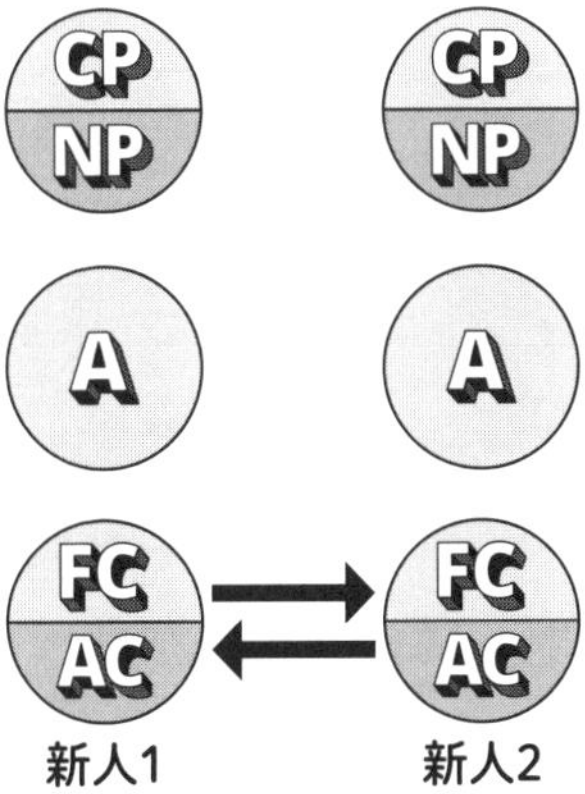

同僚や友人といった関係でよくあるやりとりです。発信者である新人1は新人2に

遊びの誘いをし、期待どおりの返答を新人2から受け取っています（図3）。

同僚1「私のあとから入ってきた人が上司になって……」

同僚2「その気持ちわかるよ。仕事終わりにご飯でも行く？　話を聞かせてほしいし」

（図4）
ACとNPのやりとり

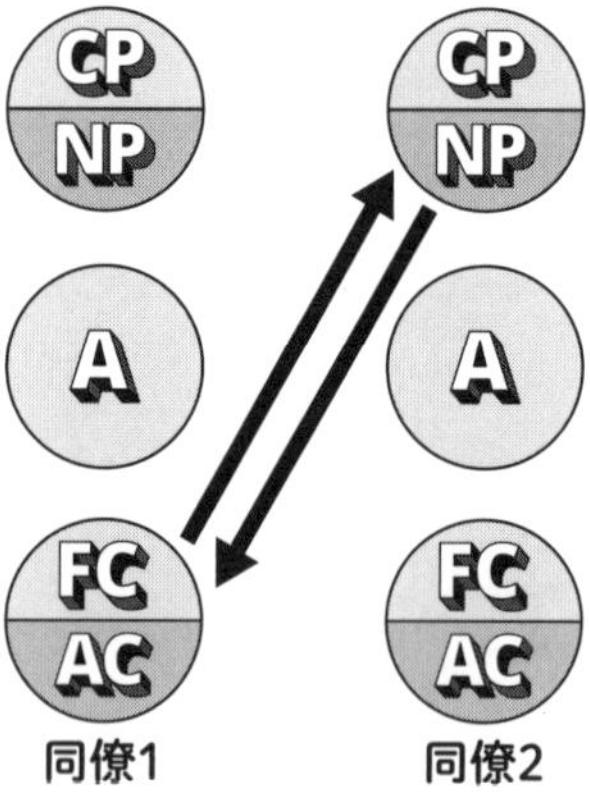

同僚1は共感してほしいといった気持ちで発信し、それを同僚2が相手の目線で受け取り、思いやりをもった形で返しています（図4）。

以上のように、発信者が意図する反応が返ってくるやりとりは、すべて矢印が並行になります。この状態が続くかぎり、円滑なコミュニケーションを維持することができます。逆に、この矢印が交錯してしまうのがすれ違うやりとりであり、コミュニケーションエラーが起こっている状態です。

すれ違うやりとり

2つめは「すれ違うやりとり」です。「スムーズなやりとり」とは異なり、発信者の予想外の反応が返ってくることで、矢印が交錯してしまいます。この場合、話が噛み合わない、沈黙になってしまうといったエラーが起こります。

部下「主任って、職場ではお姉さんのようにやさしいですね」
主任「私はみんな同じように接しているだけですよ」

部下はNP（やさしい親）による反応を求めて上司である主任に向けて発信していますが、主任の意図はともかく、あくまでも感情を抜きにした、部下に対する共通の態度だと表明した結果、非常にキツい言い方になってしまっています（図5）。

部下「この資料をまとめる作業に、何か意味があるのでしょうか」

上司「俺の言うことを聞いておけばいいいんだよ。余計なことを考えずに、言われたとおりにやりなさい」

（図5）
ACとAのやりとり

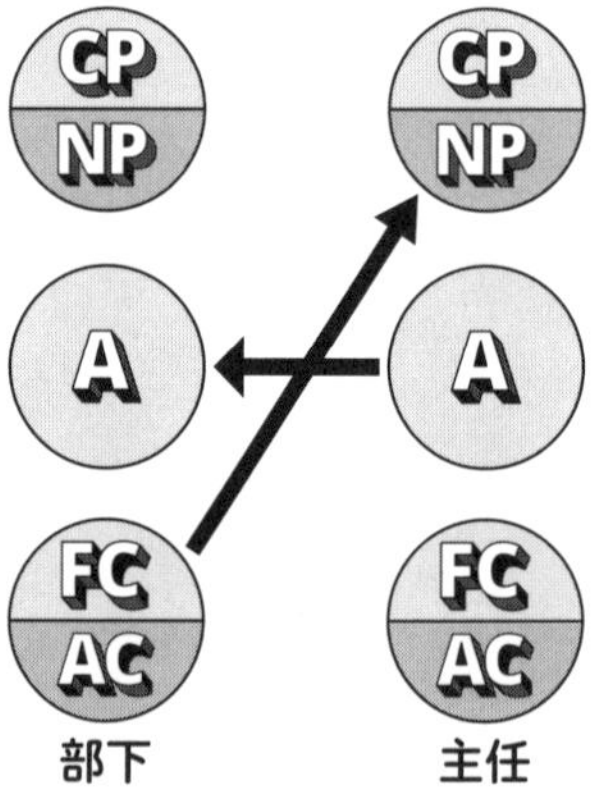

この場合は先ほどと逆のパターンで、部下は上司に質問をした（論理的な回答が欲しい）ものの、上司は上から押さえつけるCPで返しています（図6）。そのような言い方をされれば、部下はイライラを表に出さないまでも、内に不満をためることになるのは想像にかたくありません。

（図6）
AとCPのやりとり

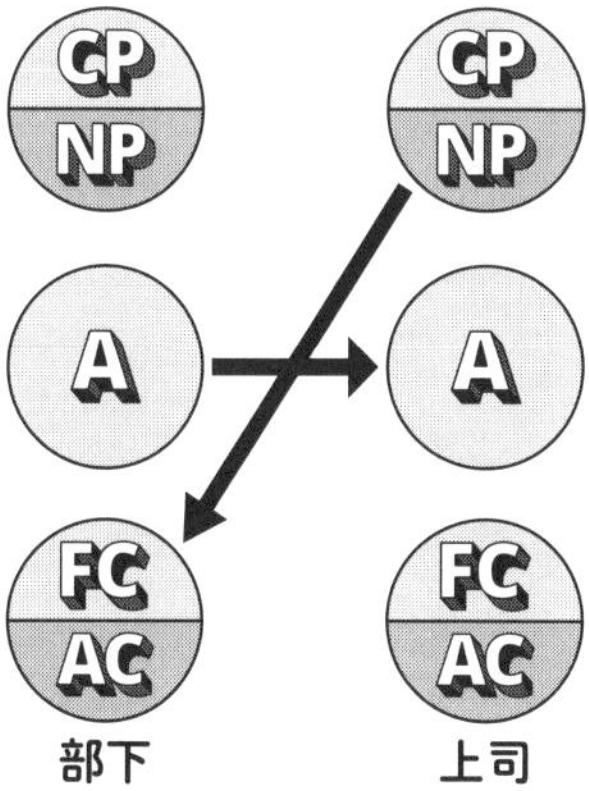

同僚1「(接客業で) ちょっと休憩時間とりすぎじゃない？　こんなにお客さん来て忙しいのに」
同僚2「あなただって、たまに休憩時間オーバーしてるじゃん」

(図7)
CPとCPのやりとり

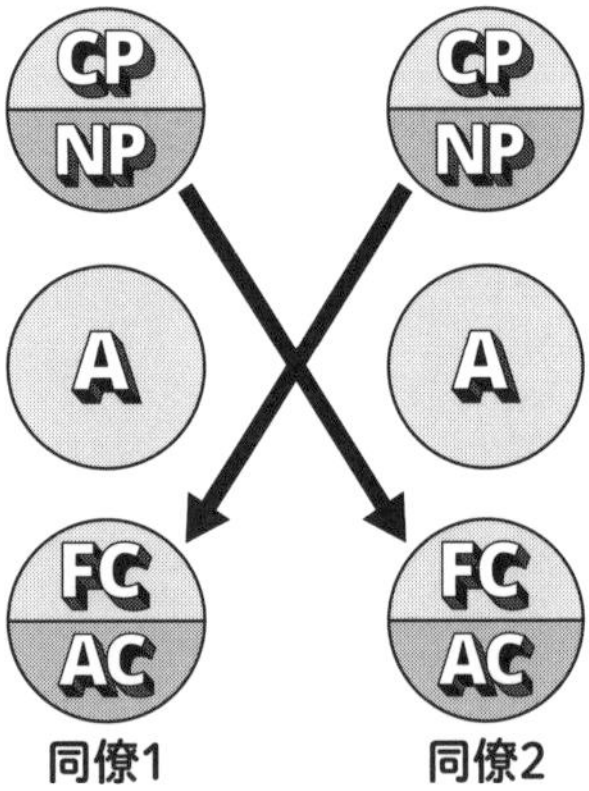

先の2つの例は上下関係がはっきりしているケースでしたが、同じ立場でももちろんすれ違うことはあります（図7）。この場合だったら、注意を受けた同僚2は「ごめん、今日は忙しいから休憩時間を過ぎないように戻ってくるべきだった」と返すべきです。飲食であれアパレルであれ、お店が忙しい日はイライラしてしまうものです。

注意されたほうは多少イラッとするかもしれませんが、これが相手を主語にして考えるということです。

同僚1「課長が『残業せずに時間内にやれないか』って言ってたよ」
同僚2「俺なんかどうせ能力がないと思われているんだよ」

（図8）
AとACのやりとり

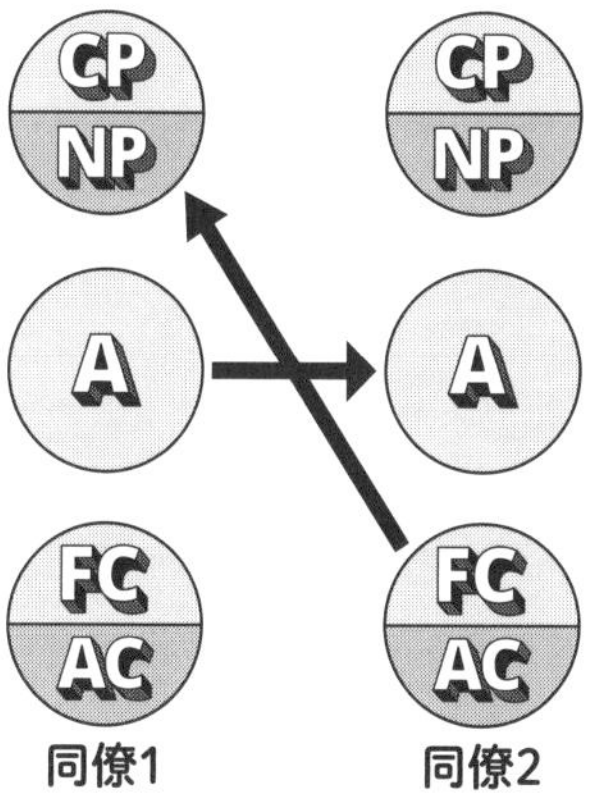

同僚1は事実を伝えています。つまり、「時間内にできるかどうか」の回答を求めていますが、同僚2は「どうせ」とAC（従順ではなく反抗）で返しています（図8）。

同僚1「旅行に行きたいから、連休を取らせてほしい」
同僚2「その日、私も予定があるからシフト休みたいんだけど」

（図9）
FCとFCのやりとり

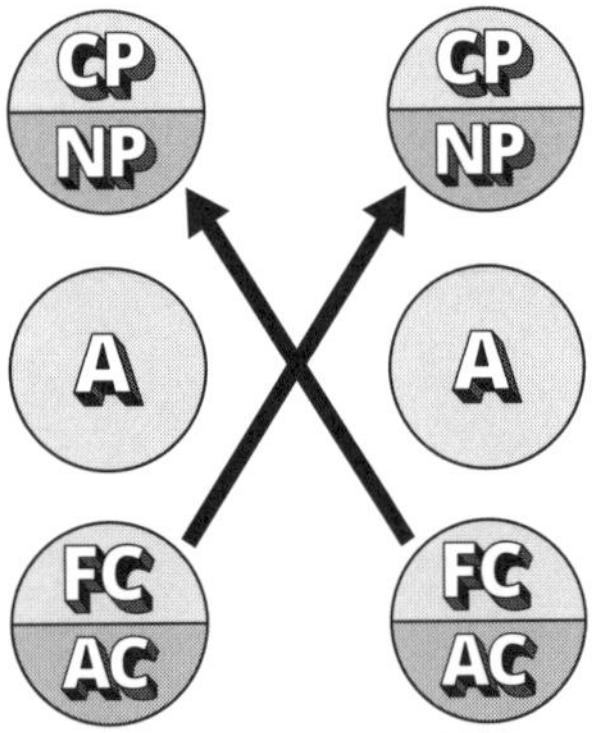

これはよくバイト先で見かける光景でしょう。用事があればシフトを代わってほしい気持ちはわかります。ですから、お互いがNP（やさしさ）による返答、つまりシフトを代わってくれることを望んでいるわけです（図9）。この場合、どちらかが相手を優先して代わってあげれば、そのうち逆に代わってくれる日もあるはずです。

すれ違うやりとりとして、主に矢印が交錯するパターンを見てきましたが、交錯しない場合でもすれ違いは発生します。

部下「○○課の△△さんから、旅行のおみやげにお菓子をいただきましたよ」
上司「今忙しいのに、お菓子食べてる余裕あると思う？」

（図10）
AとCPのやりとり

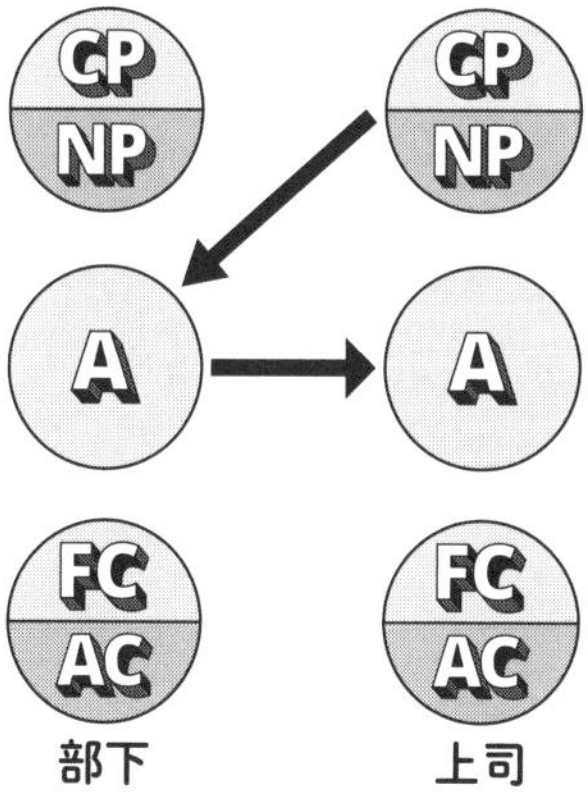

部下はあくまでも「お菓子をいただいた」という事実を伝えているのですが、上司はCPで厳しく当たってしまっています（図10）。

いずれにせよ、矢印が並行でない場合、そのやりとりは維持できません。意図を伝えられていないわけですから、当然イエスを取ることはできないですよね。

エラーが起こったときはどう対応すべき?

最後のパターン「裏のあるやりとり」に行く前に、1つ補足しておくことがあります。それは、相手から予想外の反応が来た場合にどうすべきか?です。相手が発信側であれば、ある程度、期待することを想像した上で返すことは可能です。しかし、自分が発信側になると、どうしても相手の出方はコントロールできません。

先ほど、部下がAで質問したのに予想と反してCPで返されたケース(図6)を紹介しました。このような場合、部下はあくまでも上司の下のポジションです。すでにおわかりのとおり、相手を変えることはできません。特に上司であればなおさら。

変えられるのは自分のみです。もしあなたがACの立場なら、それを受け入れる必要があります。もしそれがどうしても嫌なら、転職するか独立するかしかありません。

このとき、忘れてはいけないのは「その人からイエスを取ること」です。その場だけ見ればコミュニケーションエラーが起こっていますが、最終的な目標が上司からイエスを取ることと考えれば、納得がいかなくても受け入れるべきでしょう。

コミュニケーションはその場だけで終わることはありません。なぜなら人間関係は続くからです。だから一つひとつのコミュニケーションを積み重ねる過程でちょっとしたエラーが起こることは承知の上で、日ごろから元気に上司にあいさつをして少しでも関係を良好にしておく、といったことを心がけるべきなのです。ここぞというときにイエスを取れればいいと考え、普段はACの立場をとるわけです。

そうではなく、多くの人はその場の対処だけを必要としがちです。たとえば、「ちょっとした言葉尻を変える」などは対症療法にすぎません。

裏のあるやりとり

話を戻して、最後のコミュニケーションのパターン「裏のあるやりとり」を見ていきましょう。

人は誰でも心に思ったことをそのまま言葉にするばかりではありません。相手に察してほしい気持ちをはじめ、自分の真意が表のメッセージに隠されていることもしばしばです。それが「裏のあるやりとり」です。ここまでの2つ、「スムーズなやりとり」と「すれ違うやりとり」ではお互いのメッセージはストレートなものでした。

ところが「裏のあるやりとり」では、相手に伝えたいのは表のメッセージではなく、裏に隠された本音です。この場合、特に受け手がその意図をしっかりくむことができないと、エラーが起こります。

上司「君の同僚の○○さん、支店長になったそうだぞ」
部下「それはすごいですね～」

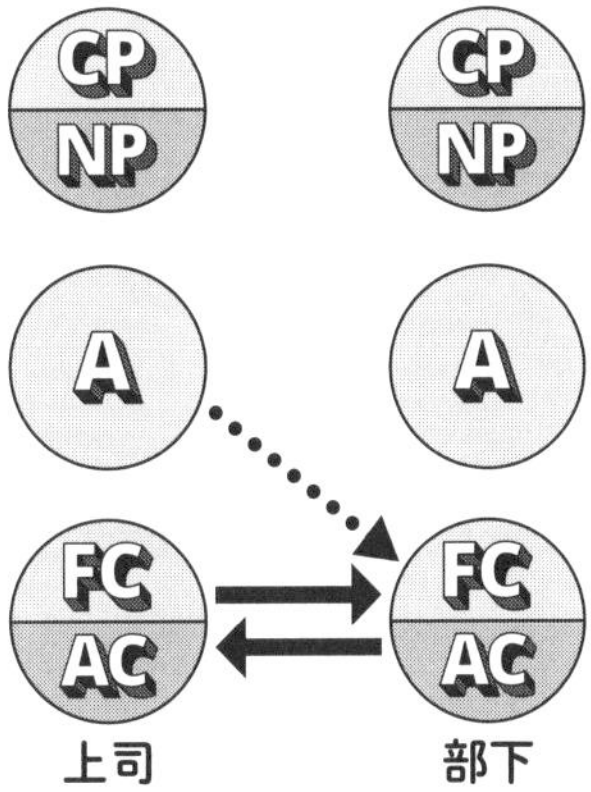

（図11）
AとACのやりとり

裏のやりとりで注目したいのは、発信者が2つの異なるメッセージを送っている点です（図11）。このケースでは「○○さんが支店長になった」（FC）と、本心の「お前は○○の同期なんだから、もっとがんばれよ」（A）です。本当に伝わってほしいのは後者ですが、部下は上司の期待する反応を返していないので、上司はイライラを募らせるばかりです。

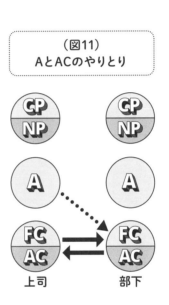

表のメッセージに対して、裏のメッセージを含める動機はさまざまです。この場合なら、直接伝えては余計なプレッシャーを与えるかもしれないという上司の親心かもしれませんし、ただ皮肉を言いたかっただけかもしれません。

裏のやりとりはコミュニケーションを複雑にします。イエスを取るためにしっかり対策をする必要があるので、もう少し掘り下げておきましょう。

ゲームを仕掛けられたら注意せよ

前項で挙げた例の上司が、実はいろいろな人に皮肉を言う人間だったと仮定しましょう。

「○○さんは君と違って優秀だなぁ」

「今日も定時で帰るなんて余裕だね」

日常的にこのような会話をする人だったら、コミュニケーションを取りたいと思う人はいないでしょう。どうせ嫌な気持ちになるからです。このような、**嫌な気分で終わるやりとりを（心理学的なコミュニケーション上の）ゲームと言います。**

ゲームを仕掛ける人の特徴はたくさんありますが、ここでは一部を紹介しましょう。

- **皮肉を言う。**
- **おせっかい。**
- **同じミスをくり返す。**
- **被害者意識が強い。**
- **「どうせ……」をよく言う。**
- **（本当は思っていないのに）「あなたのため」と言う。**
- **人の話を否定でさえぎる。**
- **（「どうしたんですか？」を待って）人前でわざとらしくため息をつく。**
- **イスにドスンと座るなど、行動が大げさ。**
- **「ここだけの話……」を、あちこちで言う。**

・「最近、どうしてる?」と、特に用もなくちょくちょく連絡してくる。

ゲームを仕掛ける側の動機は意識的であれ無意識的であれさまざまです。39ページで説明した正のストロークを得られない人間が負のストロークを求めて仕掛けるものだと言われていますが、ここでは「人はなぜゲームを仕掛けてしまうのか?」を考えるのではなく、ゲームには決して乗せられないことに注意を向けたいと思います。

なぜなら、相手が(無意識にでも)仕掛けてきたゲームに乗ってしまうと、自分が脇役になってしまうからです。ここまで何度も**コミュニケーションは相手を優先すべき**とお伝えしてきましたが、**主役はあくまでも自分**です。「主役はあなたで、(イエスを取るためにも)For Youの気持ちで相手に配慮する」のです。そうでないと、ただ言われるがままになり、イエスを取ることはできません。

だからといって、コミュニケーションを拒絶しろと言いたいわけではありません。上司と部下の関係のように、ゲームに乗らざるをえない場合もあるでしょう。そんなときは、サッカーで言う「ボールを持たせる」という意識が重要です。相手にボールを持たせておいて、ここという場面でボールを奪い、ゴールを奪うカウンター戦術を使うのです。野球でいうなら、相手投手にできるだけボールを投げさせるためにファールボールを打ち、投手を疲れさせて、あとの味方打者にヒットを打ってもらうようなものでしょうか。

いずれにせよ、自分でゲームをコントロールしているわけです。

ゲームを仕掛ける目的は表には出ないことが多い（裏のあるやりとりで行われる）ので気づきにくいのですが、例外なく、最終的に不快な気持ちに終わります。もし「この人と話していると不快な気分になるな」と思ったら、ゲームを仕掛けられていると気づけるようになりましょう。

一つだけ、注意したい特徴を紹介します。

それは「かまってちゃん」です。私の経験上ほぼ例外なく、かまってちゃんはゲームを仕掛けてきます。本人が意識しているかどうかは関係ありません。ひんぱんに電話をかけてくるなど、こちらの時間を奪っていることを気にしない時間泥棒です。

かまってちゃんへの対処方法は、「時間を決めてゲームに乗る」です。電話なら10分、対面なら15分と決めておき、「どうしても次の予定が」と言いつつ、ＣＰ（自分を律する）のエネルギーで切り上げてください。

特にＮＰが高い人はついつい親身に話を聞いてしまいます。かまってちゃんは、そのやさしさにつけこんできます。そしてどんどん時間を奪われることになりますから、注意しましょう。

第3章のまとめ

第3章では、エゴグラムが示す心の働き、エネルギーをもとに、個人の特徴を把握することから人間関係までその範囲を広げて見てきました。各エネルギーには相性が存在し、それがコミュニケーションの成立に大きな影響を及ぼしているからです。それを観察するために、コミュニケーションを3つのパターンに分類しました。

スムーズなやりとり

発信者のメッセージに対して、期待どおりの反応が返ってくるパターン。人は得意なエネルギーで伝えたり受け取ったりするので、無意識のうちに相性のいいエネルギーからの反応を期待します。このパターンの場合、お互いの矢印は並行になるのが特徴です。

すれ違うやりとり

スムーズなやりとりとは異なり、発信者の予想外の反応が返ってくることで、矢印が交錯するパターン。この場合、話が噛み合わない、沈黙になってしまうといったコミュニケーションエラーが起こります。

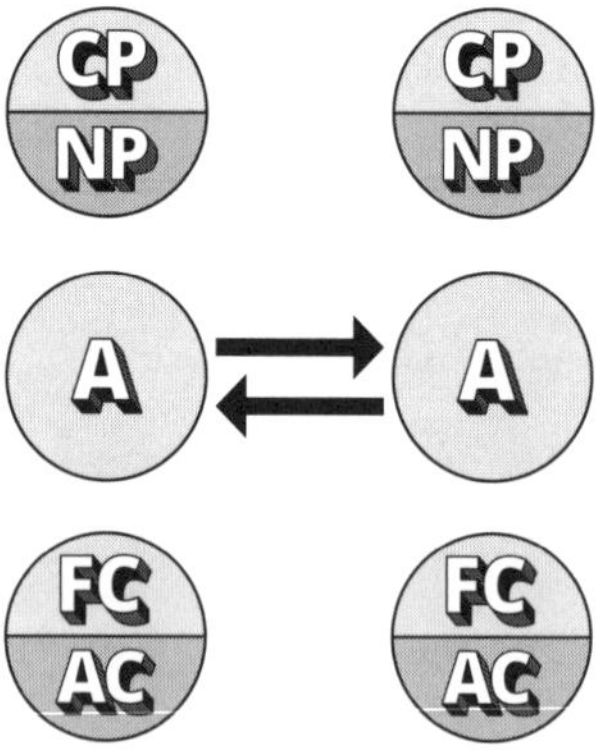

裏のあるやりとり

発信者が表のメッセージと裏のメッセージを送るパターン。たいていの場合、相手に伝えたいのは表のメッセージではなく、裏に隠された本音です。この場合、受け手がその意図をしっかりくむことができないと、エラーが起こります。

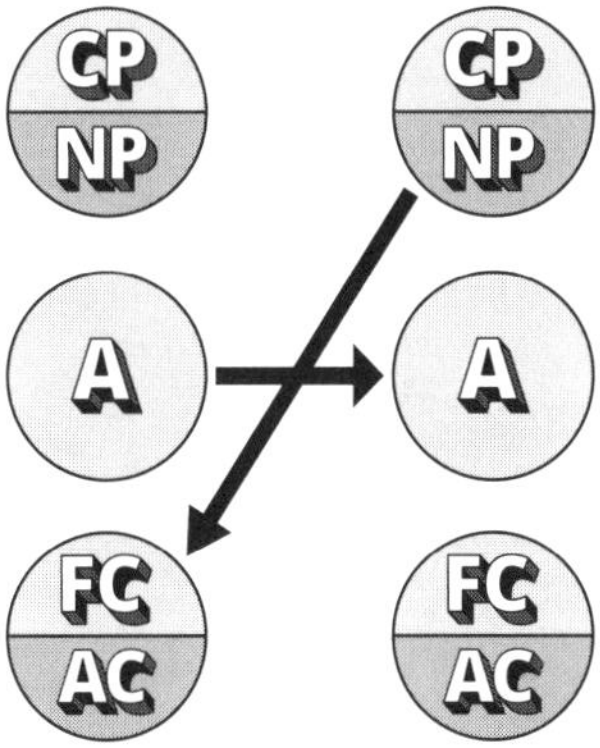

ゲームに気をつけろ

嫌な気分で終わるやりとりのこと。皮肉を言う人や、何をアドバイスしても「どうせ自分なんか……」といったやりとりに終始します。当人が意識的であれ、無意識的であれ、さまざまなシーンでゲームを仕掛けてくるので、ゲームと気づいたら乗らないことが重要です。乗らざるをえない場合でも、可能なかぎり自分でコントロールすることが求められます。

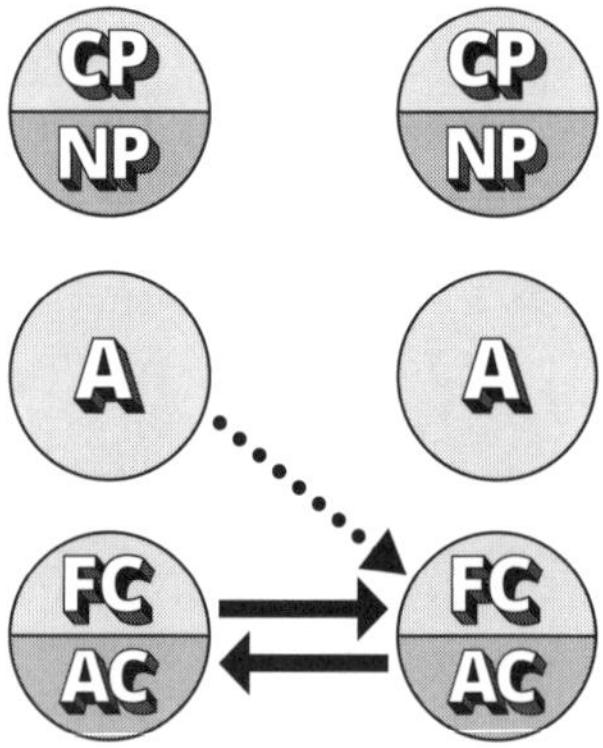

第4章

ほっこり石を置く

ほっこり石＝正のストローク

第4章からほっこり石の解説に入ります。ここまでは主に次のことについて説明してきました。

・コミュニケーションは伝わったかどうかがすべて。
・それが10割に近いほど、イエスを取ることができる。
・10割に近づけるために必要なのは思いやり。
・思いやりとは、ＦｏｒＹｏｕの気持ちで、相手の心にほっこり石を置くこと。
・ＦｏｒＹｏｕで考えるために、エゴグラムを活用して相手の情報を知ろう。

ほっこり石を置くためにはいくつか心構えのようなものが必要です。本章ではその点をじっくり解説し、第5章では実践を通してほっこり石を置いていこうと思います。
まずはほっこり石とは何か?を明確にしましょう。

ほっこり石とは専門的な言葉でいう正のストロークです。**言葉や行動など、相手に対するポジティブな働きかけのこと**を言います。

正のストロークの一例を挙げてみましょう。

・あいさつをする。
・ほほえみかける。
・励ます。
・ほめる。
・相手の話を聞く。
・あいづちを打つ。
・悩みを聞く。
・仕事を任せる。

・握手する。
・会いに行く。
・プレゼントを送る。

正のストロークを受け取った相手は「認められた」気持ちになります。

逆に、相手を不快な気持ちにさせるのが負のストロークです。そう、第3章の「ゲームを仕掛けられたら注意せよ」の項で説明しましたね。

相手の心にほっこり石を置くことが、なぜイエスを取るために必要なのでしょうか。

たとえば部下に「この資料、コピー取っておいてくれない？」など簡単なお願いをするなら、苦労せずにイエスを取ることができます。しかし、新規取引を成約させたり、プレゼンを採用してもらったり、上司の了解を取ったり……イエスには簡単に取れない（＝なかなか10割にならない）ケースのほうが多いと言えます。ほっこり石はそのギャップを埋める（＝**10割に近づける）**ものであり、**相手を認められた気持ちで満たしていく**ものなのです。この点を踏まえると、第3章で紹介した

「スムーズなやりとり」を維持することは、まさにほっこり石を置くことにほかなりません。

ほっこり石は蓄積される

ほっこり石にはすごい特徴があります。その特徴とは、**相手の心に蓄積されていく**ものであること。相手の心の中にコップがあると想定して考えてみましょう。

ここにほっこり石を置いていくと次のようになります。

コップの中のほっこり石が満タンに近づけば近づくほど、イエスを取りやすくなるわけです。1回のコミュニケーションでイエスを取れるばかりでないことは、何度もお伝えしてきました。ですからそのつど、大小さまざまなほっこり石を置いておく。そうすることで、ここぞというときにイエスを取れるようにしておくわけです。

また、ほっこり石をどんどん置いていくと、いずれコップは石がいっぱいになり、コップからこぼれはじめます。

コップがほっこり石でいっぱいになる――相手が「認められた」気分で満たされることを想像してみてください。きっと**相手はあなたのファン、推しになる**でしょう。さらに、自分の周囲にいるもっと多くの人間を自分の推しにできたとしたら？

あなたに、どうしてもソリが合わない上司がいたとします。その上司から物理的に離れる、つまり独立や転職できればいいですが、すべての人がそうできるわけではありません。そんなとき、嫌な上司が数字を達成させるような行動をサポートできれば、そんな上司でもいずれこちらを推すようになることだって可能なのです。

ほっこり石を蓄積できるというのは、相手を引き寄せるだけでなく、**相手との距離感をコントロールできる**ことも意味します。

相手が推しになる（コップからあふれている）のは、プライベートであれビジネスであれ、親密な信頼関係が構築できていることになります。コミュニケーションに関するテクニックを見れば、たいていが相手と仲良くなることを目的としています。もちろんそれが一番大事なのはたしかですし、本書でも同じです。しかし、世の中にはどうしても自分と合わない人がいるのも事実です。

そんな場合、もし右の状態をキープできれば、あなたはその相手と絶妙な距離感を保つことができます。しかも、**自分のことを悪く言われないように**です。たとえば、「クレームをファンに変えろ」「クレームが激しい人は切り捨てろ」といったアドバイスを見たり聞いたりしたことはないでしょうか。前者なら「クレームに耳を傾ける」ことが方法の一つかもしれません。では、後者の場合は？　もし距離を取りたいと思っても、敵をつくるのは得策ではないはずです。そんなとき、相手に嫌われないまま距離を空けることができるのがほっこり石なのです。

ほっこり石は信用貯金のようなもの

「ほっこり石は蓄積される」というのは、**もう少し堅い表現をすると信用貯金です**。ほっこり石は大小さまざまなものがありますが、先述のとおり、相手の心に蓄積されていくこともあれば、逆に減ってしまうこともあります。

信用を失うのは一瞬ですが、積み重ねるのは一朝一夕でできるものではありません。たとえば、住宅ローンが組めるかどうかは、その人の信用を計る一つの重要な指標とされています。なぜなら、住宅ローンはクレジットカードや公共料金の支払いに遅延がないかなど、最も厳しく調査されるためです。つまり、**人生をかけて積み上げてきた信用を見られる**わけです。

また、住宅ローンとまでいかなくても、クレジットカードの審査に落ちまくっている人と一緒に仕事をしたいと思うでしょうか？　それが答えです。いくら「自分は信用できる人間です！」と言っても、社会では別の指標で判断されてしまうのです。

その人への信用は、イエスを取るという点でも大きな影響を与えています。家賃の支払いを例に考えてみましょう。毎月、かかさず振り込みする会社と、数カ月に一度、うっかりで振り込みが遅れる会社では、大家さんが抱く印象は大きく異なります。そのような差が、イエスの取りやすさに影響を与えるのです。コロナ禍で売り上げがゼロになっても家賃は払わないといけない、そんな状況で家賃の減額をお願いしたとしましょう。家賃をきっちり月末に払う会社と、「忘れてました！　すぐに払います」

と大家さんから指摘されて払う会社。どちらがイエスを取りやすいでしょうか。

ほっこり石を置くことは、小さな信用を積み重ねていくことにほかなりません。家賃の支払い期日を守ることは当然のことですが、どんなに小さなことでも、家賃のように毎月、毎年と積み重なっていくものなら、いずれ信用度に大きな差が出るのは当然でしょう。

ほっこり石は正のストロークと説明しましたが、「約束を守る」「時間を守る」「連絡をすぐに返す」など、社会人として当然の行動もすべて当てはまります。当たり前のことなので、相手は必ずしも正のストロークとして受け取ってくれないかもしれません。それでも、ここで見てきたようにいずれ大きな差となります。そしてこの当たり前ができない人は意外と多いので、差がつくポイントになるのです。

先に与えよ（＝ギバーになれ）

ほっこり石の特徴（すごさ）はご理解いただけたでしょうか。ここからは、ほっこり石を置くために大切な心構えをお話ししていきます。

最初にお伝えしたいのは、**先に与えることの重要性**です。ほっこり石はもらってお返しするものではなく、最初に与えるものなのです。ＦｏｒＹｏｕの気持ちを持っていれば、当然ですよね。

しかし、コトの大小を問わず、先に与えるのはなかなかできません。人間はどうしても損得勘定で行動してしまいがちです。もちろんそれは必ずしも悪いわけではありません。食事のお礼の連絡をしたり、プレゼントのお返しをしたりするなど……何か良いことをされたとき、多くの人はできるだけそれに見合ったお返しをしますよね。

相手の善意に応えようとするのはすばらしいことです。

でも、こちらが先に与えるとなると若干のハードルの高さを感じませんか？　なぜなら人は見返りを求めるからです。「良くしてあげたのに」「バイトのシフト代わってあげたのに」「バレンタインのチョコあげたのに」など、「○○してあげたのに」と思った経験は一度や二度じゃないでしょう。極端に言えば、自分が見返りを求めるからこそ、逆に何か良くされたら「返さなきゃ」と思うのかもしれません。

それでも、ほっこり石は先に置くべきです。先に与えることの有用性は研究結果として報告されています。ベストセラーとなった書籍『GIVE & TAKE「与える人」こそ成功する時代』（アダム・グラント・著／三笠書房）を参考にして、先に与えるメリットと重要性を少し考えてみましょう。

同書の著者であるアダム・グラントは、人間を次の3パターンに分けています。

・ギバー（与える人）
・テイカー（受け取る人）
・マッチャー（バランスを取る人）

ギバーは見返りを求めずに、相手のことを考えて手を差し伸べたり、相手のために動ける人のこと。テイカーは相手から多くを受け取ろうとする人。マッチャーは公平を重視し、何かをされればお返ししたい、何かをすれば見返りを求める人です。そして誰もがこの3つを自分の役割や相手との関係によって使い分けており、ほとんどの人はマッチャーだと言います。

このうち、**ビジネスにおいて最も成功を収めるのはギバー**とされています。つまり、先に与える人です。相手に先に与えることで信頼関係を築き、周囲から推されるようになり、イエスを取りやすくなっているのです。

そう言われても、仕事において見返りを求めずに人を助けるのはむずかしいかもしれません。他社を出し抜く、同僚よりもいい成績を上げる……営業成績が張り出されるような会社なら、つねに競争にさらされていると感じる人も少なくないでしょう。ビジネスでは結果がすべて、数字が大事といったことも言われますから、なおさらそのように考えてしまいがちです。このように、もしビジネスを勝ち負けで考えたら、自分を奪うことが重要です。誰かが勝てば、ほかの誰かが負けるからです。だから、自分を中心に考えてしまいます。

私はセミナーや講習で、営業は等価交換だと説明します。これは何も営業に限った話ではなく、多くの人がマッチャー的な考え方だとすれば、**あえて均衡を崩せば（コップからほっこり石がこぼれるほど満たせば）等価交換に戻ろうとする**ものです。ギバーのやり方はたしかに時間がかかりますが、「損して得取れ」「たらいの水」（先に与えれば回りまわって自分に返ってくるし、先に自分が何かを得ようとすれば遠回りになる例え）など、日本でも似たような教訓があるように、いつか必ず返ってくるものなのです。それを確信できれば、損得で考えたり見返りを求めたりしなくなります。

ちなみに、アダム・グラントは成功する順番を次のようにしています。

1位　ギバー
2位　マッチャー
3位　テイカー
4位　ギバー

ギバーは1位にもなるし4位にもなります。これはどういうことかというと、ギバーには自己犠牲型と他者思考型の2つがあるのです。自己犠牲型は人に与えるばかりで自分を犠牲にしてしまうタイプ。他者思考型は多くを与えるものの、他者からも還元されるタイプです。

この2つの明暗を分けるのが、第2章で「ほっこり石を置くのに最も大切なエネルギー」としてお伝えしたNP（やさしい親）＋A（合理的な大人）を持っているかどうかです。

4位のギバーは自己犠牲型＝NPオンリーのギバーであり、一方、1位のギバーは他者思考型＝NP＋Aなのです。NPにAが加われば、「この人はテイカーかもしれない」と客観的に考えることができます。あくまでも基本は見返りを求めないものの、誰に与えるかはしっかり判断できるわけです。

見返りを求めなくても、いつか勝手に見返りが返ってくる。簡単に言えばわらしべ長者、これが先に与えることの最大の特徴です。

自分の価値観＝サングラスをかえよう

「For Youの気持ちを持とう」「先に与えよう」と言われて、あなたはどう思いましたか？　すんなり納得できた人もいれば、自分とは異なる価値観だと思った人もいるのではないでしょうか。

価値観とは極力シンプルに言えば、その人の考え方です。私はそれをサングラスと呼んでいます。

第2章で見てきたエゴグラムによる各人のエネルギーの強さは、状況によって変化しても大きな方向性は変わりません。たとえばコンビニで店員に大声でクレームを入れている人を見たり、電車の列の割り込みを見たりすれば批判的な気持ちが強くなりますし、逆に電車やバスの席をゆずっているところを見れば明るい気持ちになったりするはずです。このように、人のエネルギーはつねに一定なわけではありませんが、大きな傾向はあります。

それはなぜかというと、エネルギーはどんな生き方をしてきたかに大きく影響されているからです。これが価値観でありサングラスです（心理学的な専門用語ではビリーフとも言います）。人はそれぞれさまざまなサングラスをかけていて、そのサングラスをかけかえるのは容易ではありません。

だからこそ、コミュニケーションではズレがひんぱんに起こるのです。

あらためて強調しておくと、相手を変えることはできなくても、あなたが変わることはできます。**人はそれぞれ異なるサングラスをかけていて、その中でサングラスをかけかえられるのはあなただけ**です。ですから、もしコミュ力をアップさせたいなら、ここで大きく思考を変えましょう。

たしかに、いきなりサングラスをかえることはむずかしいでしょう。サングラスは生き方そのものです。「先に与えよう＝ギバーになろう」という価値観から遠いほど、二の足をふむかもしれません。

また、効果を実感するまでに多少時間がかかることも、サングラスをかえるハードルを上げている一つの要因です。先に与えるわけですから、自分の元に返ってくるまでに時間がかかりますし、そもそも返ってくるかもわかりません。ですから、長い目で見るよりも、目先の得が欲しくなる気持ちもわかります。

- **今すぐにもらえる1万円**
- **1年後にもらえる10万円**

あなたはどちらを手にしますか？

今すぐにもらえる1万円ではできることが限られます。もし1年後にもらえる10万円を選べば、たとえ5万円を自分に使っても、5万円を何かにギブすることができます。それがさらに数年後、違う形で返ってくるのです。たしかに先に与えるのは効果がすぐには表れません。しかし、それが返ってきたとき、あなたのサングラスはガラッとかわるはずです。

サングラスは生き方そのものですから、成長とともに自然とかけかわることもあります。たとえば若い頃に難解な本が理解できなくても、年齢を重ねてから読んでみるとすっきり理解できるケースはよくあります。それは人生経験を積み、サングラスがかわったからなのです。

というわけで、**本書は一生、手元に置いておきましょう（笑）**。それは今かもしれないし、半年後かもしれないし、数年後かもしれませんが、役立つときが必ず来ると断言できます。

コミュニケーションは会う前から始まっている

ほっこり石を置くための心構えをいくつか解説してきました。

最初は失敗することも、Ｆｏｒ Ｙｏｕの気持ちで取った行動でも外してしまうことがたくさんあると思います。それは当然です。それでも続けていくうちにできるようになります。

「まずはやってみよう」という気持ちで、ほっこり石をどんどん置いていきましょう。

もしあなたが現在、お客様のもとに足繁く通っているなら、それは相手のために時間を使っていることであり、ほっこり石を置いていることにほかなりません。すぐに見返りがなくても続けましょう。

「この人とは一度しか会わないかもな」という人に対しても同様です。二度と会わないかもしれない（＝その人からは見返りが期待できない）としても、ほっこり石を置きましょう。

もしあなたがほっこり石を置いたのに「ありがとう」すら言われない、「よくしてもらって当然」と思う人がいたら、その人はテイカーです。最初は見分けがつかないかもしれません。事実、私もテイカーに奪われた経験がたくさんあります。でも、NP＋Aが高まれば、徐々に距離を取れるようになります。

本書でここまでくり返しお伝えしてきたことを理解し、実践するのは、**コミュニケーションの基礎体力をつける**ようなものです。小学校で国語や算数、理科、社会などを学び、基礎学力を身につけるのは、その後の高度な学習や応用力の向上につながる土台づくりのためです。これと同じです。本書の最後に補章としてコミュニケーションでよく使われるテクニックをいくつか紹介しますが、それらはあくまでも技です。技だけを磨いてもうまくいきづらいのです。技を使うには基礎体力を上げる必要があるわけです。

さて、今日からさっそくほっこり石を置こうと思ったら、**まずは準備するクセをつけましょう**。

「……準備とは？」と思われるかもしれませんが、たいていの人はコミュニケーションは相手と会ってから始まると考えます。ところが、ほっこり石を置くことを考えれば、それは会う前から始まっていると言えます。たとえば、打ち合わせ前に相手のことを調べる時間を取ったり、取引先のお客さんに旅先でおみやげを買ったり。これらはすべてコミュニケーションの準備ですよね。

準備は相手に興味や関心を持っているからできることです。そう、ＦｏｒＹｏｕの気持ちです。取引先の担当者が吸っているタバコの銘柄、上司がふだん飲んでいる缶コーヒー、同僚が好きなお菓子……相手に興味を持とうと思ったら、いくらでも意識することがあります。しかし、たいていの人はそこまで考えません。

いきなり自分に関わるすべての人に同じように興味や関心を持つのはむずかしいかもしれません。そんなときは、旅先で同僚におみやげを買うことからでも結構です。

なんとなく洋菓子や和菓子の詰め合わせを買うのではなく、「そういえばあの人は何が好きだっけ?」など、少し意識してみましょう。この小さな一歩があなたのNP(やさしい親)を上げることになり、続けることで相手を考える習慣がつき、のちに大きな違いを生むことになります。

嫉妬は厳禁

続いては、ほっこり石を置くときの注意点にも触れておきましょう。それは「嫉妬」です。

嫉妬するな!というのは簡単ではありませんが、嫉妬はコミュニケーションエラーを発生させます。**嫉妬したままではほっこり石を置くことはできません**。すると自分の思いどおりの結果を出せません(=イエスを取れない)。

人はなぜ嫉妬してしまうのか? 嫉妬しないようにするためにはどうする?などを考えるのは不毛です。それよりも、嫉妬してしまったときの対処法を考えてみましょう。

嫉妬の気持ちはどうしても抱いてしまうものです。本能として、どろどろした嫉妬が自分の中にある。これを理解してからがスタートです。**「嫉妬している」と認める勇気を持つ**ことです。誰でも嫉妬はかっこ悪いとわかっていても、自分が嫉妬していると認める勇気はないものです。

その上でまず、嫉妬をバネにがんばるという対処はどうでしょうか。「負けていられるか！」と奮起する。一見、有効な方法に思えますが、私はおすすめしません。嫉妬＝負けず嫌いと好意的に解釈してみましょう。もし誰かに負けたら、その人の2倍努力しよう、という原動力になるかもしれません。これがスポーツならまだしも、ビジネスでやってしまうとどうなるでしょうか。自分の成果だけを求める、自己中心的な考え方、行動に偏ってしまうのです。つまり、CPのエネルギーがどんどん高まっていくのです。CPはビジネスでの成功に欠かせない大切なエネルギーです。しかしCPだけで競争しようとすると、自己中心的になり、無理やり契約を取ろうとしたり、誰かから奪おうとしてしまいます。自分が優位に立とうとしますから、5年単位で見れば、成果を出せずに終わることが少なくありません。

では、どうすればいいでしょうか。

私がおすすめする次の方法は、人によっては劇薬になってしまうかもしれませんのでご注意ください。

嫉妬するというのは、「負けたくない」というサングラスをかけている状態です（どんなに自己肯定が低い人でも嫉妬はします。「私なんて……」というのはただ防衛線を張っているだけです）。その上で、**嫉妬の対象にほっこり石を置いてくる**のです。そしてその人と親密になるよう努力するのです。これは、とてもむずかしい行動かもしれませんが、これができるようになれば、**同世代の中であなたのビジネス戦闘力（人間力）は、頭一つ抜け出せます。**

人間は、自分と近い5人の平均値で出来上がっていると言われています。

たとえば、自分と仲のいい人間が集まった場合、自分の年収はその5人の平均値になります。年収200万円、300万円、400万円、500万円、600万円の5人とよく飲みに行く人であれば、その人の年収は400万円ということです。

同じようなタイプの人間がなぜ仲がいいかというと、居心地がいいからです。要は、

同じサングラスをかけているのです。あなたがグチを言い「わかる、わかる」と共感されれば、とても居心地がいいと感じるのではないでしょうか。

これをふまえると、あなたが嫉妬心を抱く相手は、おそらくあなたよりも年収が上のはずです。そのようなグループに入れてもらうわけです。価値観や生活レベルが異なるので居心地は悪くなりますし、最初にあなたからギブすることが必要です。嫉妬が出ないグループにいることもできます。しかしそれでは成長はしません。嫉妬したままではチャンスをふいにしてしまいます。

ほかにも注意点をいくつか

そのほか、こまかいけれど知っておきたい注意点を数点、挙げておきます。

1つめは、こちら側の一方的なほっこり石にならないようにすることです。いわゆるおせっかいですね。たとえば、相手は喉が乾いているのに、よかれと思ってパンを渡してしまっては逆効果です。

2つめは「貸しをつくる」という考えを持たないこと。貸しというのは、見返りを前提としたCP的な考え方です。ほっこり石はあくまでも推しになってもらうための活動です。貸し借りではありません。極論を言えば、ほっこり石を置くことそのものに幸せを感じられるのがベストです。

3つめは他責思考をしないこと。本書でお伝えしている考え方は、徹頭徹尾「相手」のことを考えています。「自分が得しよう」「使ってやろう」「儲けてやろう」という考え方とは真逆です。もし自分本位になってしまっているかも？と思ったら、次の話を思い出してください。

人はみな、大人村か、子ども村の住人です。大人村に住むのは、自責思考の人。子ども村に住むのは、他責思考の人です。大人村と子ども村では、住人の成長速度に大きな差があります。成長スピードが早いのはもちろん大人村に住む人です。

私の主催する人間力アカデミー®では、オンラインとリアルを合わせると、常時200〜300名ほどのアカデミー生が在籍していますが、**大人村に住む自責思考の人は、子ども村に住む他責思考の人と比べると、成長速度が約3〜5倍です**。

あなたはどちらの村の住人でしょうか。自信を持って「大人村」だと言えるでしょうか。きっとそう言うでしょう。しかし、たいていの人は自分を過大評価しがちです。これは当然ですよね。「私はなんでも人のせいや環境のせいにします」なんて言う人はいないでしょう。

ところが、無意識のうちにそう考えたり行動してしまうものなのです。今は子ども村に住んでいるかもしれませんが、できるだけ大人村に住む時間を増やしたいものです。

第４章のまとめ

第４章では、ほっこり石を置くことについて説明してきました。ほっこり石とはいったい何なのか？　どんな効果を持っているのか？　どうすれば実践できるのか？　特徴から心構え、ちょっとしたコツ、注意点まで網羅しました。

ほっこり石＝正のストローク

ほっこり石とは専門的な言葉でいう正のストローク。言葉や行動など、相手に対するポジティブな働きかけのことで、相手は「認められた」気持ちになります。

ほっこり石は蓄積される

相手の心の中にコップがあり、そこにほっこり石が貯まっていくイメージです。これが満タンに近づけば近づくほど、イエスを取りやすくなります。１回のコミュニケーションでコップをいっぱいにできなくても、そのつど大小さまざまなほっこり石を置いておけば、いずれコップはほっこり石でいっぱいになり、イエスを取れるようになります。

コップがほっこり石でいっぱいになると、相手はあなたのファン、推しになるし、逆に距離を取ることもできます。

先に与えよ（＝ギバーになれ）

人間はギバー（与える人）、テイカー（受け取る人）、マッチャー（バランスを取る人）の3つに分けることができ、ビジネスで最も成功するのはギバーです（逆に最も失敗するのもギバー）。成功するギバーになるには、他者思考型＝NP＋Aであることが求められます。

自分の価値観＝サングラスをかえよう

人はみなそれぞれ異なる価値観（＝サングラス）を持っています。ほっこり石を置くにはギバーであることが求められますが、サングラスは生き方そのものなので、簡単にかえる（＝ギバーになる）ことはできないかもしれません。しかし、ほっこり石を置き続ければいずれ大きな見返りが届き、そのとき、きっとあなたのサングラスはかけかわるはずです。

コミュニケーションには準備が必要

コミュニケーションは相手と会う前から始まっています。相手のことを調べたり、事前に何かを用意したり。それらはすべて、日ごろから相手に興味を持っていないとできないこと。最初は同僚からでもいいので、意識的に興味を持つようにするのが大切です。

第4章のまとめ

嫉妬は厳禁

嫉妬はコミュニケーションエラーを引き起こします。人はどうしても嫉妬してしまう生き物。それを認めた上で、嫉妬を乗り越える方法として、嫉妬を抱く人に積極的にほっこり石を置きましょう。

逆に、嫉妬をバネにして負けん気で乗り越えるのは過度なCP的な思考に陥る可能性があるのでおすすめできません。

そのほか、一方的に押しつけない、貸しをつくろうとしない、他責思考で考えないといった注意点も挙げました。

こうしてまとめてみると、第1章からずっと説明してきたコミュ力アップの秘訣を端的に表現すると、次のように言えそうです。

第4章のまとめ

人にやさしく、ちゃんとする。

人それぞれ個性は違っても、最終的にはこれに行き着くのです。相手によって変わるのは、ちょっとした対応だけ。根本となる「人にやさしく、ちゃんとする」は変わりません。本書ではこれだけのことを長々とそれを説明してきましたが（笑）、なぜそれが大切なのか、腹落ちしていただけたのではないかと思います。

続く第5章では、さまざまなシチュエーションを通して、ほっこり石を置いていきたいと思います。現代ではさまざまなコミュニケーションの手段が存在します。役割や得意なことの違いに注意しながら、ほっこり石にどんなパターンがあるのか、できるだけ網羅していきます。

第5章

実践！　いろいろなほっこり石

あなたは何をよく使ってる？　さまざまなコミュニケーションの手段

最後は実際のシチュエーションを通して、ほっこり石の有無がコミュニケーションや人間関係にどのような影響を及ぼすのか？　どうすればほっこり石を置くことができるか？などを見ていきましょう。

さまざまな事例を見ていくにあたり、まずはコミュニケーションの手段を大きく5つに分けて考えてみたいと思います。それぞれの目的や、得意なことや不得意なことが変わるからです。

①対面
②電話

③メール（手紙）
④SNS
⑤オンラインミーティング

まずはこの5つがどんな特徴を持っているのか確認し、以降はそれぞれの手段ごとに事例を見ていきます。

①対面

強み　信頼関係の構築

上司や同僚、取引先の担当者などと直接会話を交わすものです。コロナ禍を経て、コミュニケーションはオンラインですべて代替できるという風潮も一部ありましたが、やはりコミュニケーションで最も重要な役割を占めるのが対面であり、ほっこり石を置くのに最も適しています。

というのも、ほっこり石は正のストローク（＝言葉や行動など、相手に対するポジティブな働きかけ）のことでしたが、顔が見える、その場の空気を共有できる対面によるコミュニケーションでは、わざわざ感を演出できるからです。このわざわざ感は、以下の事例で見ていくとわかるとおり、重要なポイントです。

②電話

強み 迅速な情報伝達

最近は後述するＳＮＳによるやりとりが主流になったこともあり、使われる頻度は減りましたが、依然として重要なツールの一つです。対面に比べると気軽に連絡を取れる反面、顔が見えないというデメリットがあるので、言葉づかいに気を使う必要があります。

③メール（手紙）

強み 情報伝達の正確さ

書き言葉で交わされるコミュニケーション。こちらもSNSの普及によって、日常生活ではあまり使われなくなりましたが、ビジネスでは今でもよく使われていますね。対面や電話と異なり、相手の時間を奪うこともなければ、こちらの都合で返信することができます。また、言葉として残ることもメリットです。書き言葉のみで表現するので、意図や感情を込めるのは苦手ですが、手紙に関してはアナログのあたたかみが出るので、今でもお礼状などでよく使われています。

④SNS

強み　気軽で迅速な情報伝達

メールと同様、テキストによるやりとりですが、より手軽な手段として、今では広く使われています。LINE、メッセンジャー、Xやインスタ、チャットワークなど種類は多彩です。ビジネスでは避けられますが、絵文字などを使用することで比較的感情や意図をこめることもしやすいのが特徴です。

⑤オンラインミーティング

強み　対面に近い環境、かつ時と場所を選ばない

テレワークの代名詞とも言えるＺｏｏｍをはじめ、オンラインで顔を見ながら対話によるコミュニケーションができるようになりました。対面での打ち合わせとほぼ同じように会議や打ち合わせ、商談などに使われます。顔が見える分、電話やメールなどに比べてよりお互いの意図をくみやすいのが特徴でしょう。

①対面　朝のあいさつ

「会社で朝礼があって、毎回１人が何かしゃべらないといけないんです。でも何をしゃべっていいかわからなくて……」という相談をよく受けます。朝礼の一言といえば長くて数分ですが、人前で話すのが苦手だととても苦痛でしょう。だからその場をやり過ごすために「昨日は映画を観にいきました。よかったです」など、当たりさわ

りのない話をすることが少なくないのではないでしょうか。

しかし、そんなときでもほっこり石を置くことはできます。ここで意識したいのは、**相手の時間をもらっていること**です。持ち時間が1分だとして、30人の前で話すとなったら、合計30分の時間をもらっていることになります。

それを意識すれば、映画の感想をただしゃべるだけでは物足りません。もしあなたが不動産業界にいるなら、「今、流行りの『地面師たち』（Netflixのドラマシリーズ、2024年）を観ました。私たちの業界の話なので、お客様と雑談するときのきっかけに使えると思いました」といった具合に、その話を聞いた同僚が、自身の仕事でアイスブレイクや商談が止まったときに使えるネタを提供する。それができれば、感想＋αをしゃべったことになります。30分の時間をもらっているという意識があれば、「楽しかったです」だけでは終われないはずです。この「同僚の気持ちを考える」という＋αがほっこり石なのです。

①対面

「お先に失礼します」

両親の介護や、子どもの迎えで同僚よりも早い時間に退社しなければならないのに、その日に限って、自分の担当のお客様からクレームの電話が入ってしまった。ところが、自分はどうしても謝りに行くことができません。そんなとき、上司や同僚、部下にお願いしないといけませんが、イエスを取れるかどうかはそれまでのコミュニケーションにかかっています。

もちろん、お客様も同様です。「本人は来ないのか？」と当然言われるでしょう。それでも、もしほっこり石を置いていたなら、対応も変わります。

特に新人は経験が浅いですからクレームになりやすいので、自分がそういう立場であれば、なおさら周囲にほっこり石を置いておくことが必要です。

「仕方ないじゃないか」という気持ちを持つのも理解できますが、それでもＦｏｒＹｏｕの気持ちは必要です。**自分が逆の立場なら、どういう人なら代わっ**

てあげたいと思うでしょうか。

①対面　お詫びはメールでＯＫ？

何か失礼をしてしまった、ミスをしてしまったなど、相手にお詫びをしなければならないとき。お詫びは何よりもまず電話です。もし電話がつながらなかったときはメールする。これが基本です。その上で、対面で謝罪します。なぜなら、「申し訳ない」という空気感を伝えるためです。

「謝罪したいのでＺｏｏｍのアドレスを送ります。○月○日、よろしくお願いいたします」と送りつける人はいません。お詫びするときは今でも、対面が基本です。**お詫びはわざわざ感が重要**なのです。

コミュニケーションには文脈や空気感がある以上、ズレによるエラーは必ず起こります。したがって、文脈や空気感を共有できる対面でお詫びをする。そして、空気感をつくるために、表情やら行動にも反映させるのです。ちょっとは演じろ、というわけです。合理性を追求するあまり、本質的な部分を忘れないようにしたいですね。くり返しになりますが、この当たり前がほっこり石です。

①対面

クレームを信用に変える

「新車が売れない」とよくディーラーは話します。「昔は車の乗り換えといえば5年に1回だったんですけど、今は10年に1回程度で……」とこぼします。そんな状況でも、売れる人がいるという事実から目を背けないようにしたいところです。

私の知り合いの社長の話です。その社長は購入したばかりの高級車のシートベルトに不具合が起こったので、ディーラーに持ち込みました。ディーラーは販売する人、修理する人、アフターサービス担当の人など、役割が分担されています。このアフターサービスの担当者が上からの指示で動くだけの人間だったため、コミュニケーションエラーが起こりました。

それは、部品を替えても不具合が残っていたので再度、持ち込んだときに起こりました。そもそもその社長にとっては、1000万円の車で不具合があるのはどうなのか？　しかもシートベルトで！という不信感を持っています。それにもかかわらず、担当者は次のように言ったのです。


「○○（車の名前）は高級車の中でもシートベルトが弱いんでね……」


つまり、車の仕様だと逃げようとしたわけです。そんな高級車を買おうと思う人はいるでしょうか。

「たしかに少し弱い部分はあるんですけど、安全面は大丈夫です！　ただ、もし気になるようでしたら、いつでもご相談いただければ。また、社長の会社の営業車（他メーカー）でも可能なかぎりアドバイスさせていただきますので、お任せください！」

といった返答なら、逆にほっこり石を置くことだってできたはずです。

よく「クレームを信用に変えなさい」と言われますが、これは事実です。しかし、そのために必要なのは、まず謝罪です。**クレームが起こる＝マイナスな状態ですから、まず謝罪をして少なくともゼロに持っていく。そして、ゼロからファンにしていくのがほっこり石です。**しっかり謝罪し、相手の怒りを収めてもらい、その次にほっこり石を置く。このプロセスをふむことで、次のコミュニケーションにつながり、いずれ信用に変わるのです。そのような行動を取れる人は、「新車が売れない」とこぼしたりしないのです。

①対面 部下に謝ってほしい？

上司の仕事は部下の尻拭い、というと極端かもしれませんが、この対応で上司の評価は決まると言っても過言ではありません。たとえば上司であるあなたが、部下のミスで生じたクレームに対応しなければならないケースを考えてみましょう。

17時の定時ギリギリに、取引先からクレームが入ってしまいました。ミスの原因は部下にあります。上司である自分はクレーム対応で遅くまで仕事することになった一方、部下は定時で帰ってしまいました。

翌日、あなたは部下にどんな態度を望むでしょうか。このとき、2つの視点から考える必要があります。**一つは、自分がどう思われたいのかという視点**です。殊勝な態度で「すみませんでした」と言わせてスッキリしたいのか、ほかの部下の前できっちり叱ることで「自分は厳しい上司だ」とアピールしたいのか……。自分が手に入れたいイエスによって反応を変えないといけないのです。クレーム対応でイライラしているときは、本当に欲しいものを忘れていることが多いものです。

もう一つは、部下にどうなってほしいかという視点です。ここでみんなの前で注意することが、部下の成長につながるのか。それとも、2人だけのときに注意することがいいのか。人材育成という点でも慎重な判断が求められます。

この会社で結果を残し、出世しようと考えているなら、これがあなたが望むイエスなら、CPを出すべきなのか、相手をいたわるNPを出すのか、といった判断を的確に下す必要があるわけです。

②電話

「誤解なんです」

こちらが原因でミスを起こしてしまったときの対応をもう一つ考えてみましょう。謝罪するときは最初に電話するとお伝えしました。そのとき、言い訳をしたくなるときはありませんか?

たとえば説明不足で誤解を与えてしまったとしましょう。相手の解釈ミスを言うのではなく、自分がそういう伝え方をしたのだと飲み込むべきです。

誤解にかぎらず、連絡が遅れてしまったときなども、どうしてもその原因を説明したくなります。「違うんです。実は電話しようと思っていたんですけど……」と言いたくなる気持ちは十分わかりますが、すでにエラーは起こっているので、言い訳を重ねるとさらにエラーは大きくなります。言い訳したくても、「失礼しました」と言うなりして、**相手の怒りがおさまってから原因を説明するべきでしょう**。

怒りの感情のピークは6秒と言われています。そして、クレームの怒りの持続時間は長くて1時間程度です。だからまずは怒りを収めることに注力するのです。

一度言い訳をしてしまうと、「この人はそういう人だ」という印象を与えてしまいます。そのような人に信用が積み重なるでしょうか。もし、それまでに相手の心にほっこり石を置いていたなら、相手も聞く耳を持っているはずです。ある程度、怒られた上で、原因を説明することもできるでしょう。

逆にほっこり石を置いていなかったら、まずはひたすら謝らないといけません。マイナスまで行っているのですから、とにかく怒りを収める必要があるのです。

②電話　電話で感情を伝える？

下請けに対して横柄な態度を取る元請け。古今東西、枚挙にいとまがないほどのエピソードがあります。しかし、どんな関係であろうと、筋を通さないと信頼を失ってしまいます。その場はいいかもしれませんが、中長期で見たときに必ず失敗します。たとえば元請けとして発注するとき、どうしても値段交渉は避けられません。「上から経費削減と言われてまして……」と言いながら交渉した経験はないでしょうか。会社員である以上、会社の意向にそむくわけにはいきません。だからといって、一方的に伝えるのではなく、ただていねいな言葉で伝えればいいわけでもなく、ＦｏｒＹｏｕで「御社は利益残りますか？」とひと言聞くだけで、相手に与える印象は大きく違います。

もちろん、できる／できないはケース・バイ・ケースでしょう。それでも、「利益薄いけど、やろうか」という気持ちになってもらいやすいはずです。

または急ぎで取りかかってほしいときに、優先して対応してくれることだってあります。日ごろのほっこり石が、将来のイエスになるのはこういうことです。

ふだんから下請けいじめのようなことをしていたら、このような対応にはなりません。ほっこり石を置くのはどこまでいっても推し活です。それが一転して、どこで推されるようになるかはわからないのです。

取引が長い取引先の場合、このようなやりとりは電話1本で済ますことが多くなります。だからこそ、対面以上に気を使わなければなりません。対面では可能だった空気感を共有できなくなり、表情で「申し訳ないんですけど」と伝えることができないのです。ではどうするか？ **「えっ!?」とか「あー！」「大丈夫ですか!?」など、言葉に感嘆詞を入れる気持ちで伝える**のです。エゴグラムのエネルギーでいう、FCやNPです。大げさに、声色でそれを伝える。よく電話でおじぎしたりするのは、その一つの例なのです。

③メール（手紙）　手紙のわざわざ感の良し悪し

現代では、手紙はわざわざ感の極みと言えます。**対面のわざわざ感とは異なり、手紙というコミュニケーションを使う人が減っているからこそのわざわざ感**です。ほっこり石を置くのは「わざわざ感」でもありますから、非常に有効な手段の一つです。今のビジネスパーソンは手紙をもらう文化があまりありません。したがってたとえ同じ内容でも、手紙をもらうと感動してもらいやすいわけです。特に、事務所移転の祝いのお礼、昇進祝いのお礼など、手紙が有効なシーンはたくさんあります。手紙を書くのは30分くらいかかりますから、まさにＦｏｒ Ｙｏｕです。

ただし、裏返して考えると、「重い」とも言えます。恋愛で相手が望んでいないのに、長文の手紙が来たらどう思うでしょうか。このわざわざ感がプラスになるかどうかは空気を読まないといけません。

この空気の読めなさは、結婚式の招待状によく出てしまいます。あなたは招待状を送ったことはありますか？　どんな人に送りましたか？　数年会っていない、または小学校を卒業してから会ってないといった人に送っていないでしょうか。相手に人数合わせであることがはっきり伝わってしまいます。つまりＦｏｒ Ｍｅです。中には「せっかくだから」「お祝い事だから」と参加してくれるかもしれませんが、ほとんどの場合「喜んで参加」というイエスは取れないでしょう。

③メール（手紙）

日程調整はメール？　SNS？

メールのメリットは、ちゃんとした言葉で送信するので、大きなミスが起こりづらいことです。時間をかけて文面を考えることができるので、しっかりした印象を与えることができます。

その反面、スピード感はないので、すぐに見てもらったり返信してほしい場合はあまり向いていません。その際たるものが日程調整です。メールの文面にそれなりに時間をかけるのは相手も同様です。どうしても時間がかかるので、30秒で返信できるSNSと違って、5分かかると思ったら後回しにする人だっています。

ではどうしても早く返信がほしいときはどうすればいいでしょうか。そんなときは、メールで「今後の日程調整はSNSでもよろしいですか？」と聞くのです。**メールできっちりした印象を与えながら、相手に選択肢を与えて選んでもらう**のです。

③メール（手紙）

メールで一言入れるだけでほっこり石になる

取引先から「新商品を開発した」とメールが入りました。その新商品に興味を持ったあなたは、「サンプルを弊社に送ってください」とお願いすることにしました。その取引先とは何回も取引をしています。その上で、あなたはどんなメールの文面で相手に送るでしょうか。

ここでのほっこり石は**「こちらの住所をあえて書く」**です。いつもの取引先であれば、もちろん住所は知っているはずです。それでも、「住所どこだっけ？」とならないように、または相手が住所を検索する手間を省くために、こちらから住所を明記しておくのです。ちょっとしたひと手間ですが、Ｆｏｒ Ｙｏｕの気持ちを持っていれば、自然とできるようになります。

③メール（手紙）

「1カ月に1回はDM送れ」は有効か？

「お客様に忘れられないように、1カ月に1回はDMを送りましょう」と言われることがあります。たしかに一理あると思います。しかし、その方法を間違えると逆効果になってしまいます。

DMでよく使われるのが手紙です。手紙はわざわざ感を演出できるので、もらった人はうれしい気持ちになります。ところが、「忙しくて手紙を書く時間はない、でも手紙で送りたい」と考えて、1枚だけ手書きで書いて、あとはコピーして送る人がいます。これは効果がないどころか、マイナスにしかなりません。

「忘れられたくない」のはあなたの都合＝For Meです。それならすべてパソコンで作成し、絵文字を使って感情を表現しながら、For Youで情報提供に徹したほうがいくらかマシかもしれません。

④SNS 必要な情報を伝えるだけでほっこり石になる

LINEをはじめとしたSNSはメールと違って迅速に情報を伝達することができます。そのため、相手の欲する情報を与える、つまりスムーズなやりとりを心がけるだけでほっこり石を置くことができます。

ある食品メーカーでは、従業員と責任者、社長で10数人のLINEグループを作り、その日の業務報告やメンバーが知っておくべき重要な連絡事項を共有しています。

その会社での仕事はおもに工場で行われます。工場の鍵は2つ。その日の早番の担当者が事務所から持っていくか、前日から持っておくのがルールです。ある日、社長から次のようなメッセージがグループに送られました。

「明日、工場に行く用事があるんだけど、事務所に鍵ある？」

そのメッセージを見た責任者はすぐに次のように答えました。

「はい、あります」

このやりとりを見れば、最低限の情報は伝達できているかもしれません。しかし、鍵は1つなのか2つあるのかわかりません。仮に誰かが1つを持ち出していて、事務所には1つしかない場合、社長がその鍵を持っていってしまったら、翌日の担当者が鍵を持っていないと工場を開けることができません。

たとえすぐに返信しても、情報に不足があっては余計なやりとりを生むだけです。

実際、その後に社長から「事務所に2つあるの？」と追加のメッセージが届きました。

もし「あの人はこの情報は持っていないな」と考えることができれば、その情報を足す。この＋αです。**ただの情報伝達で終わらせず、相手の次の行動まで考えてコミュニケーションを取る**ことがほっこり石を置くことになります。

④SNS 土・日は送らない

SNSの最大の特徴である気軽さは、ときにデメリットとして働くことがあります。もしメールで用件を伝えるなら、いつ送ってもいいでしょう。たいていの人は会社でメールを開くでしょうから、土・日にこちらが送ったとしても、確認するのは月曜日です。

しかし、それがSNSではそうはいきません。手軽だからといってメッセージを送ってしまうと、相手の休日の時間を奪ってしまいます。一般企業の人なら土・日は避ける、もし平日が休みの人ならその日は避けるように気をつける、夜勤の人なら朝方は避けるなど、相手を考えたやりとりが欠かせません。

どうしても送る必要があるなら、**「休日にすみません」とひと言入れたり、最近ではミュート（音が鳴らない送り方）送信する**だけで、小さなほっこり石を置くことができます。

④SNS　情報格差によるエラー

最近は電話で用件を伝えることを嫌がる人が多いそうです。電話はメールやSNSと異なり、その場で言いたいことを筋道立てて伝える必要があるからです。それがたとえばLINEなら、もれなく伝えることができます。

となると、重要なことはすべてメールやSNSで伝えればいい、と考えるかもしれません。実際、そのように考えたある保険営業の担当者は、ちょっとしたエラーを起こしてしまいました。次ページのやりとりは、その担当者と、保険に加入することを決めたお客さんのやりとりです。月末までに資料をそろえて送ってほしいと伝えています。

担当者　「事前に、○○と△△の書類を月末までにご用意いただきたく存じます」
お客さん　「はい、わかりました」

――数日後――

担当者　「先日お願いしました書類、月末までにご用意大丈夫そうでしょうか」
お客さん　「え、まだ何も送られてきてないけど？」
担当者　「○○はお客様ご自身でご用意いただくものでして……」

ここでエラーが起こったのは、お客さんに「書類をまずこちらから送り、記入してもらうものなのか」、それとも「お客さんに用意してもらうのか」を伝えていなかったことです。担当者は仕事で何人ともやりとりをしているので、「本人が用意するものだ」と思い込んでいます。しかし、お客さんにとっては慣れていないことなので当たり前の情報ではありません。つまり、**情報格差がエラーの原因**です。担当者はもしかしたら、リマインドのつもりで、よかれと思って「月末までに大丈夫ですか」と聞いてはじめて発覚したわけです。

このようなミスはＳＮＳで起こりがちです。もし電話でのやりとりだったら、お客さんから「その書類って送ってきてくれるんですか？」というひと言があったかもしれません。電話では対面ほどではないにせよ、相手の空気感を読むことができます。「あ、今の説明だと理解していないな」と思ったら、同じ内容をくり返すはずです。したがって、「書類はお客様ご自身でご用意いただきたいです」と念を押すこともできたでしょう。

⑤オンラインミーティング
画面オフはあり？　なし？

オンラインミーティングは対面に近い空気感を醸成することができます。電話でなくわざわざオンラインミーティングをお願いするのは、できるだけ対面に近い状況を作りたいからでしょう。「対面が一番いいんだけど、現実問題としてむずかしい」。そんな場合の代替手段なわけです。したがって、**オンラインミーティングを電話の延長と考えると失敗します**。

たとえば、3人でミーティングしているのに、1人だけ画面オフだった場合を想像してみてください。2人は顔が出ているのに、1人だけまっくらな状態です。空気感を共有しようとしているのに、いいところを省いてしまっては意味がありません。それが大事な商談や会議であればなおさらです。

また、テレワークが普及して、部屋着やカジュアルな格好が許されるようになりました。プライベート感を出す、親しみやすさを出すという理屈は理解できますが、リアルな商談や会議でそれをやる人はいません。何度も言いますが、打ち合わせや商談、会議は相手の時間をいただいているのです。

これを考えれば、オンラインミーティングで画面オフはよほどのことがないかぎりNGだということが理解できるでしょう。

⑤オンラインミーティング

移動中の参加はあり？ なし？

続いては、オンラインミーティングに移動中に参加することの是非です。オンラインミーティングは時と場所を選ばなくていいのが参加者のメリットです。だからといって、もし大事な打ち合わせをしたいとき、または相手から打ち合わせをお願いされたのにもかかわらず、いざ画面に現れた相手が移動中だったら、あなたはどう思うでしょうか。

「オンラインだったら、移動中でもいけるよね」という意図が透けて見えると思いませんか？　これはわざわざ感の真逆をいく行動です。こちらからお願いして、相手が移動中ならまだ納得はできるでしょう。

これはオンラインセミナーでも同じで、自分がお客さんの場合、「お金を払っているからいいだろう」という気持ちで「ながら」で参加する人がいます。前述の画面オフも同じです。このような行動はつねにＦｏｒ Ｍｅから来ています。もちろん、「ながら」でも参加するぞ！という前向きな気持ちを否定しているわけではありません。

ただ、**「この行動を取ったら相手はどう思うかな？」というＦｏｒ Ｙｏｕの気持ち**はつねに忘れてはいけないのです。

５つのコミュニケーションを通していろいろなほっこり石を紹介しました。「Ｆｏｒ Ｙｏｕの気持ちで相手の心にほっこり石を置く」ことの大切さ、効果がおわかりいただけたはずです。

日ごろよく使うコミュニケーションの手段からでも結構です。今一度、コミュニケーションの取り方を見直してみてください。

第５章のまとめ

本章ではコミュニケーションの手段を５つに分け、それぞれの特徴と合わせてほっこり石の置き方などを紹介してきました。

①対面
②電話
③メール（手紙）
④ＳＮＳ
⑤オンラインミーティング

ほっこり石を置きやすいのは、空気感を共有しやすい①対面です。情報共有を目的にするなら④ＳＮＳがすぐれています。どんな手段であれ、Ｆｏｒ Ｙｏｕの気持ちでほっこり石を置くことは同じです。

また、よくある失敗例もたくさん紹介してきました。もしこ

第5章のまとめ

こまで読んでみて「あるある」と思っていただくだけでも大丈夫です。このようなあるあるをなくすことが、次のほっこり石を置く第1歩になるからです。

事例を通して考えるほど、第4章のまとめでお伝えした、「人にやさしく、ちゃんとする」ことの大切さがおわかりいただけたはずです。ほっこり石は大小さまざまなものがあります。毎日のあいさつといった簡単なことから、手紙を書いたりプレゼントをしたりするなど少し手間がかかることまで。まずは「人にやさしく、ちゃんとする」。これを意識してみてほしいと思います。

補　章

テクニックを活用する

テクニックや法則が求められるのはなぜ？

「コミュニケーション」は幅広い意味を含んだ言葉です。話す、聞く、書く、読む、会話する、議論する、コーチングする、フィードバックする、説得する、雑談する、プレゼンする……これらはすべてコミュニケーションの一種です。

そして、「雑談がうまくなりたい」「来週のプレゼンでうまく発表したい」「就職面接のために練習しておきたい」など、細分化されたニーズに合ったテクニックが無数に存在します。

よくコミュニケーション能力が大事だと言われますが、用途によって無数に細分化されているので、結局、そのときの自分に必要だと思うテクニックに頼るというわけです。

毎年、夏前になるとダイエットの新しい（？）方法が生まれるように、コミュニケーションでも「伝え方が大事」「傾聴がすべて」といったさまざまな言説が登場します。

あなたも書籍やウェブの記事、SNSなどで「仕事がデキると思われる人の話し方」や、「大人の言い換え」（「残念でしたね→あと少しでしたね！」といった形の言い換え）などを見かけたことがないでしょうか。そのようなテクニックは上達した気分になれるという即効性があるので、バズりやすかったりします。

しかし、本書では一貫して、コミュニケーションの基礎体力をつけるための方法を解説してきました。テクニックではなく本質を解説してきたので、理解し実践するにはたしかに多少の時間はかかるかもしれません。しかし、本書によって基本的な能力を身につけたなら、あなたのコミュニケーション能力は向上し、人生は思いどおりになります。

もちろん、私はテクニックを全否定するつもりはありません。これから紹介するいくつかのテクニックや心理効果は実際に有効です。しかし、時と場合も考えず、ただやみくもに使っても意味がないことを強調したいのです。「これさえ使えば、すぐに効果が出る」といった魔法はありません。本書を読み通したあなたであれば、テクニックをより有効に使うことができるはずです。

では、さっそく見ていきましょう。

紹介するテクニックは、一般的な名称と解説に加えて、難易度、有効性（それぞれ最大★★★）も記しました。合わせて活用してみてください。紙幅の都合上、有効性の高い★★以上のものを中心に載せています。

テクニック
01
名前で呼びかける

難易度
★★☆
有効性
★★☆

会話をしながら相手の名前でひんぱんに呼びかけるというものです。ここでいう名前とは姓名の名、つまり「はるとさん」「あきこさん」などと呼びかけることです。これは私の運営するアカデミー生もよく使いますし、私も30代の頃、トライ・アンド・エラーの過程で名前を呼びまくっていたことがあります。

名前を呼ぶことの最大のメリットは、相手との距離が近くなることでしょうか。この親近感は、第三者に対しても有効です。たとえば、第三者に自分の取引先を紹介するとき、「○○社長とはまだ出会って半年なんですけど、仲良くさせてもらってましてし」と言うよりも、単純に「△△（名前）さんとは半年前に出会って」と紹介するほうが仲が良さそうに聞こえますよね。

しかし、何も考えずになれなれしく呼んでしまっては失敗します。重要なのはお互いの関係です。それが対等なら距離は近づきますが、空気を読まないと無礼だと受け取られます。というのは、名前を呼ぶとはパーソナルスペースにグイッと入ることだからです。

私のアカデミー生の話をすると、保険営業をする際、ある社長さんに対して「○○社長」と呼ぶばかりでなく、たまに「△△（名前）さん」と呼んでいました。なぜなら、相手をずっと立てていると、ただの業者だと思われてしまうからです。保険は長い時間をかけて信頼関係を構築していきます。そのため、ただの業者ではなく、もう一歩親密になる必要があると判断したのです。

このように、たとえば士業の方に対しては「○○先生」「△△（名前）さん」といった形で使い分ける**バランス感覚が必要**であり、それがあってはじめて有効なテクニックと言えます。

テクニック
02

ほめる（返報性の法則）

難易度
★☆☆
有効性
★★★

返報性の法則とは、「何かをしてもらったら、お返ししたくなる心理」のことです。ほめられたら相手をほめ返す。あいさつをされたら、あいさつを返す。このようなことは日常的に行われていると思います。

これは9割そのとおりだと思います。第4章でギバーになる重要性を説明しました。世の中の多くはギバー（先に与える人）とマッチャー（公平を重視し、何かをされればお返ししたい、何かをすれば見返りを求める人）だからです。

しかし、少し気をつけたいこともあります。先ほどの例でも触れましたが、自分よりも目上の人、取引してほしい人などをほめすぎると、相手はCPのエネルギーでマウントを取ろうとし、こちらがAC（従順な子ども）になってしまう可能性があります。ほめるのはあくまでも相手との距離をつめたいからのはずです。ただただ上下関係をはっきりさせるだけ、さも「自分はしもべです」と宣言するだけになってしまわないように注意しましょう。

ほめることの効果は絶大です。ただ、**ほめすぎに注意**です。誰だってこま使いされるのはイヤでしょう。

テクニック

03

アイスブレイク

難易度

★★☆

有効性

★★☆

アイスブレイクとは「氷をとかす」という意味から転じたビジネス用語で、商談、研修、会議、セミナーなど、本題に入る前に参加者の緊張感をほぐすためのコミュニケーションの手段です。雑談やちょっとしたゲームを行うなど、何かしら経験のある人が多いのではないでしょうか。

アイスブレイクはそのあとの話し合いを潤滑にするためのものです。あくまでも手段だということを忘れてはいけません。たとえば、相手が急いでいるときにアイスブレイクは必要でしょうか。そのような場合はたいてい相手が匂わせるものです。それを無視し、「初対面の人にはアイスブレイクだ！」など、こちらの意図を一方的に押しつけてしまっては本末転倒です。

そんなときは「お忙しいときにありがとうございます」と最初に相手に配慮した決まり文句だけで十分なのです。

また、**アイスブレイクが下手な人は無理に使う必要がない**ことも指摘しておくべきでしょう。アイスブレイクもほかのテクニックと同様、相手との距離をつめるわけですから、相手にとって有益な情報、楽しい情報を提供できないなら（＝小さなほっこり石を置けないなら）、素直に「お時間ありがとうございます」ぐらいにして、さっさと本題に移ったほうがいいのです。特に、新人が目上の人にアイスブレイクをしかけるのは非常にむずかしいことを知っておきましょう。

アイスブレイクの有効性は周知の事実ですから、普段から経験や知識、見識を広げる時間とお金に投資することも忘れないでください。

テクニック

04

アンカリング

難易度

★★★

有効性

★★☆

アンカリングは最初に提示された数字や条件が基準になり、そのあとの判断に影響する効果を言うものです。特にセールスなどでよく見かけるのではないでしょうか。たとえば「定価3万円のところ、今だけ1万円!」といった宣伝文句は典型的な例として考えられます。

私のアカデミー生の中にも、アンカリングを使いすぎて失敗した経験を語ってくれたメンバーがいます。相手の事情を無視してアンカリングを使い、痛い目を見たのです。失敗の一つを教訓として紹介します。

ある金融商品を提案したときのことです。相手は50〜100万円ほどの予算感を持っていたのですが、500万円のものを提示しました。彼はアンカリング効果を知っており、さらに相手に1000万円の貯金があると知っていたからです。当然、相手の想定する50〜100万円とのギャップが大きくてその話は流れてしまいました。ただがめつい人間だと思われてしまったのです。

この失敗が教えてくれるのは、アンカリングにも**相手との空気感が存在する**ということです。

本来であれば、その空気感を読んだ上で提案するべきです。たとえば、家賃10万円の部屋を探している人に対してなら、まずは12万円ほどの金額を中心に話を進め、最終的に11万円の部屋に決めてもらう、といった進め方は有効です。

また、1000万円の予算でリフォームを考えている人に対してはどうでしょうか。最初に1000万円の見積もりを持っていくと、お客さんはそこからできるだけ減らそうと考えます。そこで、まずは1500万円の見積もりを見せるのです。1000万円のものよりできることが増えますから、かなり魅力的なリフォームに映るでしょう。もちろん「1500万円は出せないな」と考えるはずですが、納得感のある説明ができれば、検討の余地があることも多々あります（彼の失敗はそれを飛び越えて、乱用してしまったわけです）。

つまり、空気を読み、相手が欲しいと思える限度額、および欲しいと思える提案ができるかなのです。

テクニック

05

メラビアンの法則

難易度

★☆☆

有効性

★★☆

メラビアンの法則（7－38－55の法則）とは、人間は言語、聴覚、視覚の3つの要素から相手の感情や意図を読み取るが、もしこの3つから受け取った情報が矛盾していたとき、言語情報7パーセント、聴覚情報38パーセント、視覚情報55パーセントの割合でその判断に影響を与えるというものです。

ここから、人は見た目や話し方、ふるまい、第一印象が大事、と解釈されることがあります。しかし、これは誤解です。考えてみれば当然です。

たとえば商談の場ではじめてあいさつしたあと、商談を進める段階になっても、視覚情報はずっと影響力を持つでしょうか。視覚情報は半年も1年も続くものでしょうか。それよりも、ビジネスでのコミュニケーションを考えたら、言語情報は非常に重要な要素のはずです。

メラビアンの法則は**矛盾した情報を受け取ったとき、どこから得た情報が優先されるか**を指摘しているのであり、言語情報よりも聴覚や視覚といった非言語情報のほうが大切だという話ではないのです。ですから、これを根拠に「人は見た目が大事だ！」と結論づけるのは早計です（清潔感がないとかは論外ですが……）。

人が出世や結婚など、嫉妬したときに「おめでとう」と言いながら、顔が笑っていない場面を想像してみてください。これこそまさにメラビアンの法則どおり、視覚情報、ここでいう顔の表情から真意を判定しているわけです。

ですから、たとえ第一印象に自信がなくても、人見知りをしてしまう人でも、関係を構築する中で印象はいくらでも変えることはできるのです。

テクニック

06 傾聴

難易度 ★★★

有効性 ★★★

相手の話に耳を傾ける傾聴。これはコミュニケーションにおいて非常に重要であり、実は奥が深いテクニックです。耳を傾けるからといって、ただ長時間にわたって話を聞けばいいわけではありません。相手の話を聞くのは大切ですが、**相手の立場を考えて共感すること**が大切なのです。

ここで知っておきたいのは、シンパシーとエンパシーの違いです。シンパシーは自分の立場に立ったまま、他人の気持ちに共感すること。エンパシーは相手の立場に立って気持ちを理解しようとすること。どちらが重要かといえば、もちろん後者ですね。傾聴とは相手の立場に立ち、相手の気持ちを理解するためのものなのです。

医療保険の販売で考えてみると、シンパシーなら「ガンは2人に1人がなるもので」と説明し、エンパシーなら「私の親族もガンで……高額の治療費でくやしい思いをしたんです」と、同じ立場まで降りていって説明するといった違いです。

テクニック

07 オウム返し

難易度 ★☆☆

有効性 ★★☆

オウム返しは文字どおり、相手の話をくり返すことです。相手の話にあいづちを打ったり、相手の発言を確認したりするときによく使われます。

「最近、転職したんですよ」

「え、転職されたんですか?」

「明日の17時までに資料を作っておいてね」
「明日17時ですね。かしこまりました」

オウム返しはちゃんと話を聞いている証拠ですから、相手は「自分の話を聞いてもらっている」という気持ちになりますよね。さらに踏み込んで言えば、相手の話を整理して返すことができれば、相手はあなたともっと話したくなるでしょう。

「4年前はちょうどコロナ禍でお店を開けることができなくてね。外出制限もされていたし。そこで他店の動向を探ったりして、デリバリーに参入したんだよ。最初は大変だったけど、なんとか前年比80パーセントぐらいまで回復したんだよ」
「デリバリーで80パーセント!? それはすごいですね!」

しかし、オウム返しは注意しないと相手に「バカにされている」という誤解を与えるリスクがあります。「今日は暑いね」「暑いですね」「熱中症になりそうだよ」「熱中症になりそうですね」など、こんな会話をくり返されたら誰でもバカにされた気持ちになります。

そんな失敗をしないためには、1つ前の「傾聴」で紹介したエンパシーが重要です。**相手の立場に立って気持ちを理解した上でオウム返しをする**のです。なんでも脊髄反射で会話するのではなく、あくまでも相手を主語にして考えましょう。

テクニック

08

あいづちのさしすせそ

難易度

★☆☆

有効性

★★★

オウム返しと同じようなテクニックである、あいづちのさしすせそ。あいづちの基本として、以下のように説明されます。

さ……さすがです
し……知らなかったです
す……すごいです
せ……センスがいいですね
そ……そうなんですね

相手の会話内容に合わせてあいづちを返すわけですが、これもなんとなく使ってしまっては意味がありません。

「今日、こんなミスをしちゃってさ」
「そうなんですね」

相手の立場に立って気持ちを理解するには、本当に「そう」思わないとダメなのです。ＦｏｒＹｏｕの気持ちはいつだって忘れてはいけません。
あいづちをただ会話をつなぐものと思ってしまうと、非常に軽い返答になってしまうので注意が必要です。

このテクニックを使うのが少し苦手……という人は、FC（活発な子ども）のエネルギーが弱い可能性があります。勇気を持って、「さすが！　すごいですね！」と、大きな声で言ってみる練習をしてください。そして、NP（思いやり）のエネルギーで共感を深めて使っていきましょう。

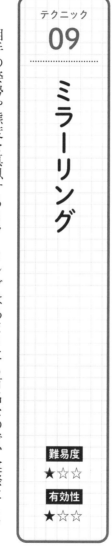

テクニック 09
ミラーリング

難易度 ★☆☆
有効性 ★☆☆

相手の姿勢や態度を真似するミラーリングはあまりにも有名なので、実際にミラーリングするときはさりげなくやることが重要です。髪をかきあげたり、腕をくんだり、コーヒーを飲んだり……もしあなたがあからさまなミラーリングをされたらどう思うかを想像してみてください。「あ、ミラーリングされてる」と気づいたら、きっと笑ってしまうはずです。

相手がお茶を飲もうとしたら、条件反射でお茶を飲むなど、**体にしみついているレベルでないなら、やらないほうが無難です。**アイスブレイクの段階で、相手がお茶を飲もうとして、あわてて自分もお茶を飲もうとしたらまず間違いなくバレます。バレるだけでなく、「バカにしてるのか」と不愉快な気持ちにすらさせてしまうでしょう。もし使うのであれば、たまたまお茶を飲むタイミングが一緒になったときに「今のミラーリング効果になってました（笑）？」と笑いに変えたほうが好かれます。これはＦＣの成せる技です。

テクニック
10 ペーシング

難易度
★★☆
有効性
★★☆

ミラーリングと異なり、会話のスピードを合わせるペーシングは使いやすいテクニックです。会話のスピードを合わせるというよりは、**相手との目線やテンションを合わせる**と解釈したほうがいいかもしれません。

私は以前、テレアポで効果を測定したことがあります。テレアポはCP営業（努力して量をこなす）が基本なので、まずは相手にノーと言わせない押しの営業をしました。「困っていますよね」「ほかと比べたらウチのほうがお得ですよね」といった形で、とにかく相手にイエスと言わせるわけです。

次に行ったのがペーシングです。「突然のお電話すみません」からきっちりあいさつし、相手のテンションに合わせて「すでにお聞きしたこともおありかと思いますが……」と続け、ところどころで「そのニーズに応える商品を開発しまして」と話をしました。その結果、前者はアポの数だけは取ることができましたが、後者のほうが成約につながるアポの確率が高かったのです。

そもそも今の時代、押せ押せのテレアポは嫌われます。自分と会話のスピードやテンションが違うと不快に思われやすいものです。電話で話してみて、ノリがいい人だったらノリよくいくし、寡黙な人なら少し抑えめでいく、そのためにペーシングという技術を活用するべきです。

テクニック

11 ピンポンルール

難易度 ★★★

有効性 ★★☆

ピンポンルールとは、会話のキャッチボールは6割話して、4割聞くぐらいがちょうどいい、というルールを表したものです。つまり、一方的に話してもダメだし、聞いてばかりでもスムーズなやりとりにはならないというわけです。

ただ、会話の流れや雰囲気はケース・バイ・ケースで変わりますし、その人のキャラも関係します(忘れかけていたら再度、第2章を参照しましょう)。話し上手な人もいれば聞き上手な人だっているでしょう。話が得意なら7割話せばいいし、聞き上手なら7割聞けばいいのです。人間はしゃべるとすっきりするものですから、自分が話すことが苦手なら、それを逆手に取って相手を気持ちよくさせればいいだけです。

6対4は一般的なルールかもしれませんが、**会話の目的は、相手に「この時間よかったな」と思ってもらうこと。**一般的なルールに自分のキャラと実力次第で変えていきましょう。それがほっこり石を置くことにつながります。

テクニック 12

何度も会う（単純接触効果）

難易度 ★★★

有効性 ★★★

単純接触効果は、たくさん会ったりメールしたりして、その回数が多いほど信頼関係を築きやすくなるというものです。

そのメリットはいたるところで語られていますし、実際に効果はあると思います。

しかし、これもただ何度も会えばいいというわけではありません。

何度も会うことが重要というのは、たとえば3時間の打ち合わせを1回するよりも、1時間の打ち合わせを3回したほうがいいというものです。しかし、打ち合わせは相手から時間を奪うものです。

アポを取って1時間もらったとしましょう。もし相手が1日8時間勤務だとしたら、1日のうち8分の1の時間をいただいていることになります。本来、その1時間でできる仕事はどれほどのものでしょうか。

そのような相手に対する意識があれば、単純に「何度も会えばいい」と簡単には思えないはずです。ですから、**単純接触効果のために会いに行くのはやめましょう**。あなたが会いたいと思う人は、ビジネス上でつながっておきたいと考えるからだと思います。それだけあなたにとって魅力のある人に、何度も会いに行く理由(ほっこり石を置けるか)を、必死で作る必要があります。「人脈のご紹介(ご縁つなぎ)」「相手が金融機関なら少額でも積み立ててあげる」といった接触効果は威力抜群ですが「近くにきたので、お茶でも」の軽いノリは、関係性ができるまではよくて1～2回であることを、肝に銘じてください。

ここまでさまざまなテクニックや心理効果を見てきましたが、よく使っているものはありましたか？　表面的な情報に惑わされず、本質をしっかり理解した上で、技を使いこなせるようになってください。

もちろん、最も大事なことは「Ｆｏｒ Ｙｏｕの気持ちで、ほっこり石を置く」こと。忘れないでくださいね。

おわりに

いつもFor Youの気持ちで

最後までお読みいただき、ありがとうございました。

本書は「コミュニケーションは推し活だ」という考えのもと、「For Youの気持ちで、相手の心にほっこり石を置く」ことを解説してきました。よく見聞きするコミュニケーション術とはかなり異なる内容だったと思いますが、本書で解説したことを徹底できればあなたの人生は変わり始めます。それが出世なのか、毎月の給料が5万円上がることなのか、周囲の人間関係に悩まなくなることなのか……コミュ力がアップすれば、いろんな変化を実感できるはずです。

世の中には、「すぐに効果が出る」「人から好かれる」「仕事ができると思われる」ことを目的としたテクニックがたくさん存在します。それだけ多くの人が必要としているのでしょう。しかし、そのベースにあるのはＦｏｒ Ｍｅの気持ちです。

一方、本書でお伝えしてきた方法は、Ｆｏｒ Ｙｏｕの気持ちがベースにあります。相手への思いやりや、共感力が求められます。時には、相手のことよりも自分の利益を優先したくなることもあるでしょう。推し活の効果を実感するまでに多少、時間はかかるかもしれません。それでも、Ｆｏｒ Ｙｏｕの気持ちでほっこり石を置いてみてください。ほんのちょっとでもいいのです。それができたら人生は劇的に変わります。私が約束します。

本書が提案する方法のもとにあるロジックは、エゴグラムをビジネス向けにアレンジした「網谷式エゴグラム」です。本書では人間心理の分析はあくまでもほっこり石を置くための手段として位置付けているので、テストのほか具体的な言及はできるだけシンプルにするように心がけました。「網谷式エゴグラム」をもっと学びたいと思った方は、毎月第3火曜16時と19時からの、「人間力アカデミー®（オンライン）」

を覗きに来てみてください。

最後に、前作『人の心が読める ヤバい営業術』と同様、本当に多くの方のご協力のもと書き上げることができました。中でも、編集者の佐藤直樹さん（白夜書房）には大変お世話になりました。

本書を書き上げるために幾度となく打ち合わせを重ねてきましたが、佐藤さんの人間力、もちろん本業の仕事力も非常に高く、打ち合わせが楽しみで仕方ありませんでした。

初見ではそこまで佐藤さんの能力（魅力）を見抜けておらず……人を見抜くプロとしてはおはずかしいかぎりですが（笑）。

もしこの出会いがなければ今の私はありませんし、本書の出版もなかったかもしれません。縁をつないでくださった方々はもちろん、佐藤さんの仕事を支えているご家族にも感謝しかありません。

最後の最後になりますが、この本を手に取り、読み進めてくださった読者の方々に心からの感謝を込めて終わりの言葉としたいと思います。本当に本当に本当にありがとうございました！

令和6年9月

人間力コンサルタント® 網谷洋一

［参考文献］

『エゴグラム 新装版：ひと目でわかる性格の自己診断』ジョン・M・デュセイ（著）、池見酉次郎（監修）、新里里春（訳）／創元社

『人生ゲーム入門——人間関係の心理学』エリック・バーン（著）、南博（訳）／河出書房新社

『エリック・バーンの交流分析』イアン・スチュアート（著）、日本交流分析学会（訳）／実業之日本社

『わかりやすい交流分析（Transactional analysis series 1）』中村和子（著）、杉田峰康（著、編集）／チーム医療

『交流分析のすすめ——人間関係に悩むあなたへ』杉田峰康（著）／日本文化科学社

『GIVE & TAKE「与える人」こそ成功する時代』アダム・グラント（著）、楠木建（監訳）／三笠書房

人の心が読める
ヤバいコミュニケーション術

2024年9月26日　第1刷発行

著者	網谷洋一
編集人	佐藤直樹
デザイン	華本達哉（aozora.tv）
発行人	森下幹人
発行所	株式会社 白夜書房 〒171-0033　東京都豊島区高田3-10-12 ［TEL］03-5292-7751 ［FAX］03-5292-7741 http://www.byakuya-shobo.co.jp
製版	株式会社 公栄社
印刷・製本	TOPPANクロレ 株式会社

乱丁本・落丁本は送料弊社負担でお取り替えいたします。